安野モヨコ

還暦不行届

KANREKI
FUYUKI
TODOKI

祥伝社

安野モヨコ
還暦不行届
還暦のカントク不行届!!
ゴースト♡ゴースト♡ゴーゴーゴースト~
限りない~宇宙に
限りないエネルギ~~♪
使っても使っても無限にあるってかんじ
なんかこの歌詞安心するわ~
60代のカントクのテーマ曲「宇宙怪人ゴースト」
宇宙怪人ゴースト♪
たたかえば勝つ必ずー♡

20年たってもほとんど変化ない気がするんだけど…
それが何か？
フン
フン
こわい
いや!! 探せば沢山あるはず
この20年の各種変化とりそろえてご報告します
髪が白くなったよ
量も…へったよ
変化その1 ロンパースが免許をとる
ダニザガール シンギ ソングトゥミ
ごきげんだね
「運転者が好きな音楽を流す」というルールのためにドライブ中は常にレッチリが流れることに
はっ
フンフンフーン
か…
かんとくがレッチリを口ずさんどる?!
しかもSNOW
ヘ～イ ヨ～
フフン フン

門前の小僧習わぬ経を読む…
お経だと思ってんだね
変化その2 きのこを食べられるようになる
結婚5年目くらい
体のために少しはきのこ食べようよ
おなかにも良いんだよ
←義父が大腸の病気になったので心配で仕方ない
……菌なのに…？
うーん…じゃあ…少しなら食べてもいいよ
ペペロンチーノ風にしたからね
カンタロのすきな
さー おたべっ
1本のしめじ
…
ハイ 食べた！
ふう…
薬かなにかかな？
食べたって言うより飲んでたけどね
それでも大きな一歩だよね
うん
ぱくー!!
フン
ゴックン！
ガブリ
←水

現在
おみそ汁にエノキとしめじ入れていい？
うん舞茸も食べるよ
←元気
食べれるようになったもののコンディションに左右されるので
仕事がすすまん
スープにしめじ入れていい？
……
少し調子悪い日
…エノキなら…
カントク…パスタにエノキ入れていい？
エノキも…
今日は…食べられない…
絶不調の日
心に余裕がある時に限る
心に…余裕がない…
きのこをたべる用の余裕がそうなの
ちなみに肉・魚介類（魚卵含む）は変わらず食べない
ギョーザ食べてますが豆腐ギョーザです
お肉入ってないやつね
スープギョーザおまち〜
野菜
ニラ キャベツ ネギ しょうが にんにく
＋
水切りした豆腐
ごま油 とりガラスープの素 などでコクを出す

変化その3
少し運動
するようになる
ジムに
行こうよ～
運動
イヤ!!!
これも結婚5年目
あたり
運動不足だから
腰いたくなるんだよ～
どうして
そんなに
運動を憎む
のか…
ハイ!!
ジムに来た
ホッホッ
体は
他人に
動かして
もらうに
限るわい
ストレッチ
マッサージを
うけるだけ
しかし60代に
なった今…
オイチニ
サンッ
オイチニ
サンッ
…
…
今日の
運動
おわりっ
全部
3回ずつ
しかやって
ないけど
ふぅ
うごいた
うごいた
うごいた
運動した感

変化その4
家事をやってくれるようになる
音楽スタート!!
テンテーンテテーンテンテンテンテテテー
BGM「ヤマト乗組員の行進」
家事分担
ごはん作る
↓ロンパース
後片付け
↓カントク
片付けはわしがやるからモヨは仕事の準備してね
フン
食洗機に入れる用の予洗い
いつもありがとー!!
たすかる
キッチンのそうじと食洗機の管理
フンフン
フーン
1時間経過(ていねい)
BGM「紅の機動兵器(M-14)」
ベッドメイク
バフバフ
30分経過
BGM「新世界紀行(自由の大地)」
そしてお風呂そうじ
カントクお風呂入る?
これは後から入った方がそうじするルール
その他の家事も私が体調崩してた時期に自分からやり始めてくれた

え？
そうじが面倒だから入らない？
うん
今日は疲れたのでやめておこうかと
疲れたならなおさら入ればいいのに
おやすみー♡
おフロめんどう＋そうじもめんどう＝サボる（一石二鳥）
このシステム欠陥があるな
でも昔と比べたらすごくいろいろやってくれるようになったよね
昔はくつ下も服もそこらへんにぬぎすててたし
ずっと寝てる
ZZZ
ポーイ
ポーイ
家事はもちろん日用品の補充みたいなことも一切やらない妖精みたいだったよ
ごはんも自分がスキなものだと全部一人で食べちゃって
ぱくぱく
おいしい おいしい おいしい
片付けもしないで先に寝てたのがうそみたい
お願い…もうヤメテ…

モヨだって立派なオタ嫁になったよ
オタ？
え?! どこが…
ファイヤーマン
だってファイヤーマンの主題歌ソラで歌えるしミラーマンのイントロだけでセリフ言えるようになったじゃん
ミラーマン
「今だ！キックをつかえ!!」
「目だ」
正義の味方なのにセリフが鬼畜すぎて好き
ムホホ
ミラーマーン
あ!! そろそろお散歩のじかんだよ
健康のためにあるこう！
じゃあ今日はロングコースで…
「親指トムのうた」を歌いながらいくかな
スッテーンコロリン
でっかいからだで作戦かいし〜
ロンパースのオタ嫁道はまだまだ続く見込みなのだった

おわり

還暦不行届　目次

がんばれ！カントク君★ mogoco.a

〜部女子社員の談話をもとに作成しました。

庵野秀明50周年記念カード
ナッツ類はちょっと…
あときのこ類もちょっと…
ラーメンのチャーシューときくらげとメンマも抜いてください
moyo

庵野秀明
50周年
記念カード

いかがですか
うん…このワインは
ぶどうの皮の味がします!!
moyo
庵野秀明50周年記念カード

庵野秀明50周年記念カード
たまごやきならできそうな気がするんだ!
moyo

このカードは
パーティーに来て下さった方に
直接お渡しする為に
「オチビサン」と同じ手法で
1枚ずつ紙版画で刷りました。

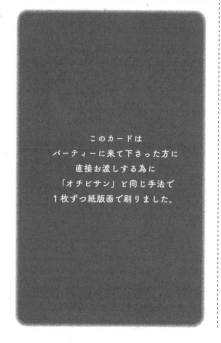

還　暦
不行届

第一回　波状攻撃

10年以上も前だろうか、鎌倉に住んでいた頃の事だ。
ある気持ちの良い朝に私は本当によく寝てすっきりと目が覚めた。
あまりに気持ち良くて日のあたる場所に立って思い切り伸びをしていると、
いつのまにか背後に夫が現れてニコニコしながら私の胴を両腕で挟むように抱きかかえてグッと持ち上げた。

後から聞くと小さな子を抱き上げるような気持ちでやったとのことだったが
それは偶然プロレス技で言うところの
バックドロップ、の最初の型みたいな状態だった。

私の身体から「メキ」という音がした。
とても痛い。

病院に行くと肋骨にヒビが入っていた。

肋骨というのはギブスができない場所なのでコルセットをしておとなしく暮らす他ない。

少し笑うのも咳をしても痛い状態だった。

そんなおり、仕事で地方に行くことになった。

鎌倉から渋谷の仕事場に寄って置いてある服や画材を荷物に加えてから出発するという流れである。

私は普段から忘れ物が多いのだが、この当時は鬱《うつ》の影響なのか更に記憶力が低下していてなんでも忘れてしまう。この日も家を出る時になってふと思いついた持ち物の事を監督に伝言を頼んでから出掛けた。

「細《こま》かいものは荷物に入れるのを忘れそうだから、ナミーンちゃん（当時のスタッフ）に私にこれとこれを持たせるよう連絡しておいてね」

仕事場に着くとナミーンちゃんが待機していて
持ち物を用意してくれていた。

しかしひとつだけわからないものがある、と心配げに言いだした。

「監督から、『寝る時用のシャツ』を持たせてやってと言われたのですがパジャマですかね⁇」

「寝る時用の…？」

私も全く覚えのない事なので首をかしげていたが

次の瞬間2人の頭に同じことがひらめいた。

「ネルシャツ…」

一拍おいて身体が折れるかと思うほどの爆笑に襲われた。

私もナミーンちゃんも床に倒れて笑った。

当然肋骨が痛くてたまらないのだが笑いはおさまらない。痛い。本当に痛い。

監督はネルシャツ、と言う名称を知らず

私の言葉を聞いても何だか分からないけど

きっと寝る時に着るシャツだな、と理解してナミーンちゃんに伝えていたのだ。

肋骨にヒビが入った時は悪気があってやったことじゃないし、と思って怒らなかったが

この時は理不尽かとは思いながらも文句を言った。

笑うと痛いっつーてるのになんでこんなボケをかますんだ！
監督はなぜ自分が怒られているのかもよくわからない様子だったが小さな声で
「ごめんなさい」と
言っていた。
それが面白くて私はまた笑った。
そしてまた肋骨が痛むのだった。

――――おまけ――――

言い間違いや覚え間違いは
監督の場合大量にありすぎていちいち書いていたらきりがなく
メモも取らずにきてしまったのだけど
毎回メモるべきであったと今更ながら後悔している。
その中でもいくつか書き残しているものを見つけた。
一つはどこかで「愛妻家である、と自称してる庵野監督」
と言うような記述を見つけた時のことだ。

細かいことは忘れてしまったので文章が正確かどうかはもうわからないが
とにかくその一文を読んで
愛妻家とはあくまでも周りからの評価で初めて言われるものであって
自分から言うものではない。
わしはそんなことは言っていないと憤慨している。

確かに自分で言わないほうがかっこいいことかもしれないね、
と相槌《あいづち》を打っていると断固とした口調で
「わしは自らを称して愛妻家である、などと言わん。
これは口を大にして言いたい」
と言った。
私は監督の口が「大」と言う文字のように複雑に開いている様子を想像した。
シン・ゴジラか。
「いや、それを言うなら声を大にして、でしょ」
と静かに突っ込んでみると

お口を閉じてしまった。

こう言う時のお約束として私は
「天才だから仕方ないね」
と言うことにしている。

一つの才能が突出している人というのは
他の人が当たり前にできることが驚くほどできなかったり
抜け落ちていたりするものだ。

天才だから、と言われた時の監督の答えは決まっていて
「天才バカボンだからね！」
「これでいいのだ」
と言うのだった。

おそらくそれはバカボンパパの決めゼリフだが
そこは突っ込まないことにしてる。

ミニ監督不行届 01

先日54歳になりました。（モヨコ）

2014.5.26

ミニ監督不行届 02

監督の通訳ならお任せ下さい。

2016.8.15

第二回　遺伝子

監督がベジタリアンであることは今までエッセイなどでも書いてきたのでご存知の方もいるかと思う。

正確に言えば肉と魚介類を全く食べないだけで
野菜が好きなわけではない。
たまごや乳製品は食べるので
ジャンルとしては「ラクトオボベジタリアン」と言うものになるらしい。

ところでどうしてそうなったのか。

義母の話によると幼稚園くらいまではお魚も魚肉ソーセージも
食べたらしいのだが、(山口なので魚がとても美味しい)

ある日テレビアニメでお魚たちがキャラクターとして出てくるものを観てしまいその日を境にピタリと食べなくなったとの事だった。


泣いたり笑ったりしているお魚を見て生き物だと認識した途端食べられなくなったのを監督はあまり覚えてないと言う。

全て義母から聞いた話である。


その義母だが、この人もまたなかなかの偏食家で
ネギやニンニクのような香りの強い野菜が嫌い。

加糖ヨーグルトは食べるがチーズやバターはダメ。

梅干しや漬け物など酸っぱいものは食べられない。

更には辛いものは絶対ＮＧで、きんぴらも鷹の爪が入っていたら箸をつけずに私へ廻してくる。

庵野家のカレーはバーモントカレーの甘口と決まっていた。

魚は青魚とまぐろが嫌いで
白身とエビしか食べない。
肉も鶏豚は嫌いで牛のみ。

監督はいっそのことベジタリアンで通せるが
義母の場合はひとことで片付けられない。
いや、ひとことで言ってやる。
異常に好き嫌いが多い。

そのようなお2人を含む家族で、
旅館などに泊まりに行くとどういうことになるか。

嫁の私の仕事は旅館に
確認することから始まる。
「すみませんが、肉と魚介類一切がダメだけど乳製品は好きな者と
お刺身は白身とエビのみ、肉は牛のみしか食べず、チーズとバターと辛いもの、香味野菜が一切ダメな者の対応を…」

もちろん割と高い率で断られる。

受けてくれたとしても喜ぶ暇はない。
何度も何度も確認の連絡が来る。
「おだしは魚もだめですか?」

「お母様の方はたまごは召し上がりますか？」
などが五月雨《さみだれ》式にどんどんやってくるので
テニスの壁打ち並みに打ち返していく作業が待っているのだ。

それでも料理が出るまで油断はできない。
予期せぬ伏兵が出ることもある。

一度義母の希望で行ったレストランにて
鹿の刺身で作ったカルパッチョが出た。
見た瞬間からこんなもん食えるかと言う顔をするので、鶏でも豚でもないしどちらかと言うと牛の赤身に近いのだと説明したが生《なま》なのがいやだと言う。

じゃあ前菜をホタテに替えてもらうかと聞けば
肉は食べたいと言う。
うーんわがまま。

仕方ないのでお給仕の人を呼び
「すみません、このカルパッチョを焼いてください」と頼んだ。

これが身内だけで有名な
「カルパッチョ焼かせ事件」である。

旅行や食事に行くと
そんな事のオンパレードで正直くたびれるが
最後にニコニコしながら
「おなか満腹！」と言う義母を見ると許せてしまう。

おなかいっぱい、ではないのか？
満腹の腹とおなか、が重複しているのではないか
など細かいことが気になるが
そう言った独特の言い回しが可愛いらしい。
つくづく得な性質の人だ。

この「おなか満腹」は
義母の真似をするとき便利なため
夫婦間でしばらく流行していた。

注意して観ていただくと「キューティーハニー」や「エヴァンゲリヲン新劇場版：破」、

「シン・ウルトラマン」などにもこの
「おなか満腹」と言うセリフが出てくる。

間違えてはないかもしれないが
正しい言い回しでもなく
どこかで私のような微妙な
気持ちになっている人がいるのではないか…

そのように心配になったので
ここにその言葉の出どころを解説させていただいた。

義母です。

ミニ監督不行届03

食べたいと思った分量をフォークに絡める→巻いていく→食べたい量×スパゲティの長さ→巨大化→
「竜の巣だ!!」「すごいぞ！ ラピュタは本当にあったんだ!」(続く)

2015.2.21

ミニ監督不行届04

サラッとそれらしい事を言うので
10秒くらい信じました。
言い間違いをゴマ化す技術が
最近向上して来ている…。

2015.3.6

第三回　コンクール入賞

監督のあまり知られていない趣味として
焼き物がある。

だいぶ昔にどこかの観光客向けの窯《かま》で
小さなお鉢を作った。
そう言う体験工房で作った物は私もいくつかあるけれど
素人の作るものだからやはり使いにくくて
いつのまにか戸棚の奥にしまったきりになる。

一方監督の作ったお鉢は未だに納豆を出す時使う。
釉薬《ゆうやく》の色が少しきつくて最近使用頻度は落ちているが、形は手に馴染むと言うかとても
使いやすいのだ。

教室に入ったり習うと言うことはしてない。
時々体験陶芸みたいなところに行って
作るというだけなのだが監督自身は陶芸がとても好きで、
よく「秋になったら陶芸行きたい」とか
「あたたかくなったら陶芸行きたい」とか
言っている。
監督の言う「陶芸」とは鎌倉の「たからの庭」と言う
元は大正時代の女性陶芸家のアトリエだった施設のことだ。

北鎌倉の奥深い場所で建物も趣があるので地元のアーティストがイベントをしたり
和菓子屋さんがお菓子作り教室などを催したり
今も静かに活躍している。

そこで「オチビサン」の原画展とグッズの販売イベントをやることになったので挨拶し
に行ったのだがせっかくだから陶芸をやらせてもらおうと言うことになった。

日常的に体験型陶芸教室をやっているので

私とスタッフの珠ちゃんはそこに入れてもらった。

他の人と一緒に手びねりでお皿を作り庭でとってきた草花を載せて釉薬を塗る、と言うセットになったコースだが、それでも充分に楽しい。

しかし監督はろくろを回したい、と言って
特別に土も用意してもらい
大学で陶芸科だったスタッフ菊ちゃんと一緒に
猛然と皿や小鉢を作り始めた。

身内が言うのも何だがこれが本当に上手で、厚みもムラなく
売り物か、と思うような仕上がり。
そんなのを物すごい集中力でどんどん仕上げていく。
私たちが紐《ひも》を丸めてペタペタお皿を作り
庭で草花を摘んで…とかちんたらやってた
2〜3時間のうちに5個だか6個だかの皿と鉢を作り上げていた。

菊ちゃんはさすがに本格的に勉強してきただけあり
このままデパートで売れる！と思うレベルのお皿やカップを作製していたが、

監督作　煮豆用小鉢

その彼女が驚くほどの量産ぶり。
お皿に飽きた監督は更に残った土で
小さな動物の置物を作り出した。
白鳥やトトロなどを。

それもまた上手だから窯の先生も褒める。
私達もすごいすごいと騒いでいた。
特に習ったわけでもないのに才能ある！

すると得意げに
「小学生の頃、宇部の常盤公園でやっていた
動物ねんどコンクールで最優秀賞を取ったことがある」
と、言い出した。

まず何に出場してんだよ、と突っ込みたくなった。
ポスターなどをみてハッとなった庵野少年が
当日バスに乗ってひとり公園に向かい受付で
エントリーしている様子を想像すると面白すぎる。

が、もともと手先が器用で物を作るのが好きな人は
そう言ったイベントにも積極的に参加するものなのかもしれない。

公園の中の動物を題材にねんど細工をする、と言う大会らしいのだが
庵野少年は、「ヤギとヤギのねんど細工を作る少年（自分）」と言う作品を作ったらしい。

すでにメタ視点である。

残念ながらその作品は現存しない。（ねんどだから）

しかし監督はエヴァが終わったらたくさん陶芸したい、と楽しみにしていたので
このコロナ禍を無事やり過ごせたなら
どんどん皿や小鉢を作製し出すに違いない。

没頭して自分の本業と違う物を作るのは
とても楽しいし心が救われるものだ。
私も着物を作っている時はそのような感じで
とにかく自分の欲しいものだけ作っている。

商売の方はたいしてと言うかほとんど儲けも無いが
楽しいからそれでいいのである。

本業の方だって本来なら楽しいはずなのだが
仕事だと結果を求めてしまうために雑念が入りやすい。
いろいろな意見や批判が気になり
精神的に疲労する。
何が正解かわからなくなってくる。
毎日何が正解だったのかわからないものと
向かい合うのはしんどいものだ。

その点趣味だと単純明快で自分が楽しければ
それで良い。
自分の欲しいもの、好きなこと。
本当はそれだけで良かったはずなのに…なぜ。
そんなことを考える。
ただ、それだけでは無いのがプロの世界で
苦しくても私は結構好きだったりする。

鉄人28号の凧を手にする幼少期の頃の監督

監督も同じで、楽しんでできる範囲を越えていこうとする。
その先にしか無い物を求めているから仕方ない。

だからこそ趣味ではひたすらに楽しむことが一番だと思う。
要望を出すと、その要望に応えようとして義務感が発生するかもしれない。
そうすると純粋に楽しめなくなるので言わずにいるが
私としてはもっと大きなどんぶりとか深めのサラダボウルが欲しいのだった。

窯の先生や菊ちゃんに言わせるとそう言ったサイズのものは素人《しろうと》にはなかなか難しいそうだ。
確かに大きいものを作ろうとすると途中で崩れてしまう。
そこで作れるようになろう、もっと良い作品を作ろう、
となるのは途中までは楽しいかも知れないが
だんだん仕事と同じようなルートをたどる気がする。
もともとそう言うタイプの人間なので自分を追い込みがちなのだ。
だから楽しいと感じるものだけ作り続けて欲しい。

となるとパンが載るくらいの皿とお漬物の小鉢だけがどんどん増えていくことにはなるだろうけど、それでも良い。

収納する場所がもうあまりうちには無いので、今はそれだけ心配している。

追記

調べたら動物ねんどコンクールは今も続いており、2019年に第53回を迎えていた。2022年はコロナの影響でやっていたのかわからないが是非とも永く続けて行って欲しいと思っている。

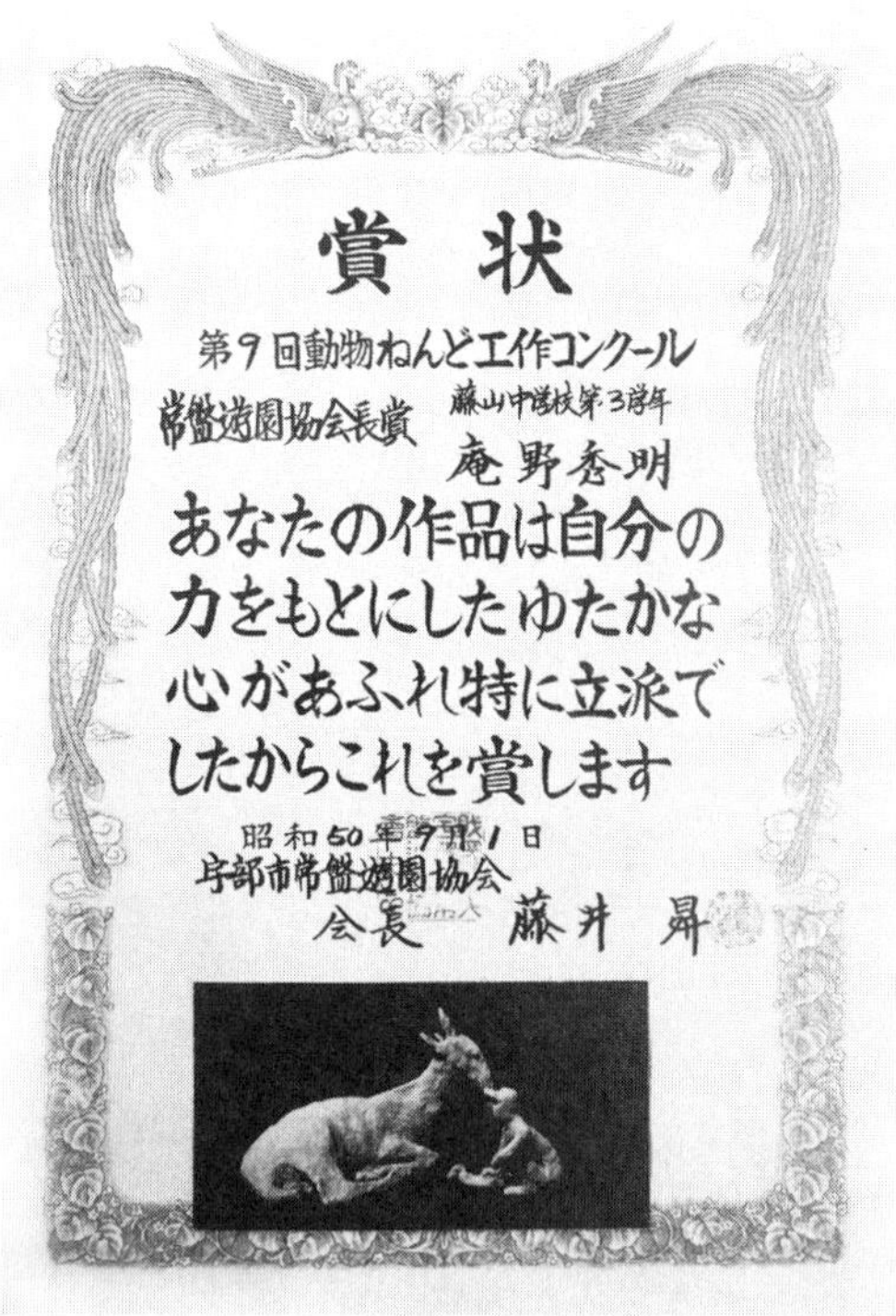
賞状

第9回動物ねんど工作コンクール

常盤遊園協会長賞　藤山中学校第3学年

庵野秀明

あなたの作品は自分の力をもとにしたゆたかな心があふれ特に立派でしたからこれを賞します

昭和50年9月1日

宇部市常盤遊園協会

会長　藤井昇

第9回動物ねんど工作コンクールで
協会長賞を受賞した時の賞状
「ねんどコンクール」じゃなくて
「ねんど工作コンクール」でした

ミニ監督不行届05

「逆シャア」の新しい使い方。

2015.11.3

ミニ監督不行届06

颯爽と歩き出した途端にコレです。

2017.8.11

第四回

津和野

1月に安野《あんの》光雅《みつまさ》先生の訃報を知った。
読者の中にもその作品に触れて育った人は多いと思う。
私もその1人で
幼稚園の頃に出会った「ふしぎなサーカス」は
毎日見ていても飽きず1日に何回もページをめくり
一つの絵からいろんなことを想像した。

どのページをとってもいくらでも想像が膨らんで止まらない。
本当にふしぎで、ページの中に描かれていない動物や
人々が隣のページの裏に隠れているような感じがするのだ。

なんとかしてそれを捕まえてみたいと
園児の私はすごい速さでページをめくって見たりしていた。

これはご存知の方も多いと思うが
私のペンネームの「安野」はこの方から拝借した。
15歳で少女漫画誌に初投稿した時のことだ。
下の名前は何回か変えたけど
最初から苗字はこれにしようと決めていた。
大好きな安野光雅さんのようになりたいと言う今思うととんでもねー動機の他に
「アンノ」という音に惹かれた部分もあった。
なんとも可愛くてころんとしている感じがしたのだ。

時々見かける誤情報で
私は庵野監督のファンだったからペンネームをアンノにしたと言うのがあるんだけど
正直言ってその頃私は監督のことを知らなかった。
なんならエヴァの本放送が始まった時もＯＰの最後にバーンと出てくる
「監督　庵野秀明」
も、なんて読むのかな?と思っていた。

それからエヴァのキャラクターデザインと漫画版を担当していた貞本《さだもと》さんとご飯を食べることになり
そこにまさかの監督が一緒に現れて出会うことになった時も
「そうか。あれアンノさんて読むのか!」という程度の認識だった。

漫画家と言ってもいろんなジャンルの人がいて
全員がアニメや漫画に詳しいわけではない。

私も小学生まではガンダムやザブングルなどのサンライズ作品(今で言う箱推しだった)や
ゴッドマーズにハマってよく観ていたが
中学生になったあたりからなんとなく観なくなった。

そこから10年以上アニメというものを遠くから眺めているだけだったので
ナディアも実は知らなかった。
それで超久しぶりに観たアニメがエヴァンゲリオンだったのだ。
その頃すでに私はハッピーマニアの連載が始まっていた。
ペンネームも使い始めて10年近く経っていた。

そんなわけで監督と出会うずっと前から私のペンネームは安野なので
もし誤情報を広めている人を見かけたらそっと
「違うよ…」
とカヲルくんの口調で教えてあげて欲しい。

ところで偶然同じ苗字（私はペンネームだが）で結婚した後
驚いたことがあった。

監督の父方の実家は安野光雅先生と全くの同郷で
島根県津和野町だったのだ。

結婚後の挨拶で津和野に行った時は
道の側溝を流れる澄んだ清流とその中を泳ぐお魚に驚いたが
当時できたばかりの「安野光雅美術館」に図らずも行けることになり
誰も見ていない隙にこっそり踊るくらい嬉しかった。

義父は津和野で生まれて育った。

実家も含めて「庵野」が何軒かいる。
「安野」さんも何軒かあるのだろうか。
珍しい苗字でも地方に行くとその地域にだけ沢山いたりするが
「アンノ」も津和野に多い苗字なのかもしれない。

津和野は山に囲まれていて川が流れている。
小さな町だけど起伏があって風景に立体感がある。
光雅先生の「旅の絵本」に出てくるようなオレンジの瓦屋根が続く
美しいところだ。

珍しいお祭りの装束でも必ず挙がる「鷺舞神事」も
津和野弥栄神社のもので
監督も小学生の頃に見にいったことがあると言う。

お祭りといえば神社とは無関係の商店街の広場で
オバQ音頭を踊りまくっていた団地育ちの私からすると
歴史と地元の繋がりが感じられて非常に羨《うらや》ましい。

14〜15年前のことにもなるが住んでいた鎌倉でいつものようにぶらぶらと

散歩して由比ガ浜通りにあるいつもの古本屋に入った。
毎回その古本屋では運命的な本との出会いがあるのだが
その時も監督が「これ！」と言って一冊の絵本を手に取り渡してくれた。

それは安野光雅先生の割と新しい本で
「津和野」
というタイトルのものだった。

絵本の形式だが中身は先生が帰省するたびにスケッチしていた昔の津和野の風景。
柔らかな鉛筆の線で
色は本当に薄くワンストローク載せてあるだけ。

文章はそれにまつわる思い出やその頃の情景についてのもので
小さな子供が読むような絵本とは趣《おもむき》が違っていた。

それを手に宇部のホスピスに入っていた義父のお見舞いに行った。
義父はそれを受け取るとページをめくりながら
「おお、これはあそこじゃ！」
と言いながら1ページ1ページを確かめるように

涙を浮かべながら読んでいる。
光雅先生と義父の生活圏はほとんど同じだったようでどれも見覚えがある景色ばかりなのだという。

義父は監督に見せるようにして本を広げ
小さい子供がするように指をさしながら色々説明していた。
監督はそんな義父の横で静かに
「うんうん」と話を聞いている。

その様子は照明のせいもあるのか全体的に薄墨がかかって見えて
滲ませるように描いた水彩の絵のようだなと思った。

監督と義父の関係は幼少期から決して良好なものではなかったけど
本当に最後の方は毎週のように宇部にお見舞いに行くようになっていた。
話をするわけでもなくじっと横に座って
静かに2人の時間を過ごしていた。

義母や義妹、私などは適当なおしゃべりをして

場の雰囲気を明るくしようと努めていたけど
本当は自分たちが耐えられないからそうしていただけで
必要なかったのかもしれない。

ホスピスに入った時点で残された時間は限られていたのだが
その中で義父の足跡を監督が踏みしめるようにして
距離が近付いて行ったのは
この絵本のおかげも大きかったと思う。

改めて光雅先生に感謝し、ご冥福をお祈りしている。

ミニ監督不行届 07

29日は原宿エヴァストアで
皆様にお会い出来るのを
楽しみにしています。

2014.4.28

※2023年現在エヴァストア（EVANGELION STORE TOKYO-01）は池袋PARCOで営業中

ミニ監督不行届 08

ワイングラスの回がサイン会でも
関係各位の間でも大ウケだったと伝えたら
このような答えが。

2014.4.29

第五回　先祖からの伝言

やっとのことでエヴァが公開されて本当に本当にホッとしてる。

こういうことを書くと一部の熱心なエヴァファンの方々からは
お前が身内ヅラして言うような事ではない
と、お叱りを受けるかもしれないけれど
制作者側に立って、などとはもちろん思っていない。

私のやったことなどは本当に少し装飾を手伝った程度のことだからだ。

ホッとしたのはあくまでも「家族が、抱えていた一つの大きな仕事を終わらせた」
と言う意味での安堵である。

監督は夢中になってしまうと他のことが全く見えなくなるたちだ。
なので仕事が佳境に入ると生活面では完全に上の空である。
片手でお盆を持ったままその上の茶碗のご飯を食べていたり
何日も着倒した服や靴下をていねいに畳んで棚にしまったりしていた。
どうしたのか聞くと「洗濯に出したつもりだった」と言っていた。

監督の受け持ち家事の一つとしてゴミ捨てをお願いしているのだが
ある時まとめたゴミ袋とは別に入浴剤の5Lポリタンクを出しておいたところ
捨てるのを忘れて出かけてしまった。

明日の朝持っていくだろうとそのままにしておいた。
しかし次の日も持っていかない。
忙しくて忘れちゃうんだな、と思い自分が捨てようと気を付けていたが
半透明のポリタンクはステルス機能が高く、私もうっかり忘れてしまった。
そんな感じで数日が過ぎてしまったので
試しに監督が気が付くまでこのままにしてみようと思いついた。

平気で半月ほどが経過した。
そんないたずらを仕掛けたこと自体忘れるほど
床に転がったポリタンクが玄関になじみだしてしまった。
そこにあるのが当たり前の風景になった頃、気が付けば次のポリタンクも空《から》になりそう
だったので
もういい加減に切り上げることにして
「カントク、これ気が付いてた？」
と聞いてみた。

するとこともなげに「うん。ずっと置いてあるなーと思ってた」と言うではないか。

ちなみにこのポリタンクは
監督も今までに10個以上はゴミとして捨ててきているのだ。
なので捨てるものなのはわかっているはずだった。

私は聞いた。
「なんで今回に限って置いてあると思ったの？」

するど監督はしばらく思い出すような顔をして考え

「モヨがオブジェとして飾ってると思った」

と、言った。

当然だが私はポリタンクをオブジェとして玄関に飾る
というような芸術活動は一度もしたことはない。

忙しすぎて脳内で私を芸術家に変換してしまったのか……
可哀想に。
一瞬そう考えたがそんなわけはない。

放置しておけば私が捨てるだろうと思っていたのに
根くらべの様相を呈してきたので
急に思いついた適当な言い訳をしているだけである。
真面目な顔でいうので騙《だま》されるところだった。

無自覚奇行からの適当言い訳コンボは妙に信憑性が高くなるので要注意だ。

もしかして洗濯物の件もこのパターンかもしれない。
ポリタンクを持たせてさっさと捨ててくるよう言った。

こうして書いてみるとどこでもあるような些細なことだが
書けないようなこともいろいろあったし
こう言うしょうもないことが毎日連続して波状攻撃となって
押し寄せるので
私自身も仕事でいろんなことがままならない時などは
何度も叫び出しそうになった。

それでも私がとにかくずっと心に決めていたのは
何を置いても監督の健康を守ると言うことだった。

創作活動というのはどんなに周りに人がいたとて
その核の部分は自分1人でやるしかない。
それはいかに近しい間柄でも立ち入って手伝うことはできない。
もちろんうちの場合も、お互いに意見を求められたら自分の考えを伝えたり
考えをまとめるときに聞き役になったりはする。

そのほかにもそれぞれの得意分野で手伝えることがあればサポートし合うけど
それはあくまで表層部分に過ぎず
根幹部分の構築は完全に1人で立ち向かうしかない。

漫画家なのでそこは自分も痛いほど知っている。

なので自分に役割があるとしたら
監督がちゃんとご飯を食べて適度な運動をして夜きちんと眠れるようにすること。
逆に言えばそれしかできることはない。

これは以前のメルマガでも書いたことだけど
私がそう思うようになったのは20年ほど前に仕事で会ったサイキックの人に
「あなたの付き合っている男性のご先祖様からメッセージがある」と言われたことがきっかけだ。

普段は霊感とかご先祖とか持ち出してくる人をあまり信用しないのだが
その人は私のことも監督のことも名前すら知らず

当然付き合っていることなど知る由もなかった。

彼女は私の横に高齢の女性が来てどうしても彼に伝えて欲しいことがあると訴えていると言った。どうも付き合っている人のご先祖様の1人であるようだ、と。

そのご先祖様は彼が

「ものを嚙まずに飲み込んでいるのでよく嚙むようにして欲しい」

と言っているそうで

とにかくこのままでは胃を壊すし病気になるから注意してくれ、と両手を合わせ拝むようにして

私に頼んでいると言うことだった。

うん……

間違いない。霊は来ている。

その時私はそう確信した。

その付き合っている人というのは言うまでもなく監督でものを2回しか嚙まずに飲み込むことで有名だったし

彼自身にその話をしたら姿形や雰囲気の特徴から
「それは自分を可愛がってくれていた父方のお祖母さんだと思う」と言い出した。
おそらく小さい頃にも注意されていたのだろう。
私は会ったことのないお祖母さんに「お任せください！」と心の中で約束した。

最初の10年はほとんど馬の耳に念仏だったが
「私はご先祖様からあなたがものをちゃんと噛んで食べられるようにしろとつかわされた者で言うなれば天からのお使いである。
天使の言うことは聞いたほうがいい」

と、言い続けた結果15年目あたりからはよく噛んで食べるようになった。

ちなみにこの話は私のこれからの人生や結婚などについてサイキックの人に聞いてルポ漫画にするという仕事でのことだったが
私自身のご先祖様からは、どんなメッセージがありますか？と質問すると
「特に伝える事はない」と言うつれない返事であった。
なにそれ。かわいそすぎない？　本当になにもないの⁇
サイキックの人に再度問うても首を横に振るばかり。

私は小さな頃からそうやって放置されがちのキャラである。
放っておいたら勝手にキャベツを見つけてきて
楽しそうにかじっていた赤子だったらしいので
まあ仕方ない。
常に脇役だし支える側の人間として生きてきた。
監督と結婚してからは彼のお世話をする係だと思って生きている。
何故ならお世話が必要な人だからだ。

監督が眠れないと言えば入眠剤ばかりでなくサプリやお灸を試し
枕を探して頭皮のマッサージもした。
腰が痛いと言えばストレッチを教えてヨガの先生を呼び
ジムの予約を入れた。
毎日ご飯と納豆と味噌汁を食べさせ、よく噛むよう注意して
水や白湯《さゆ》を飲む習慣をつけた。
湯船には酵素入浴剤を入れて毎日浸《つ》かるようにしてもらったし
髪が薄くなったと騒ぐから育毛剤もすごい調べて選んだ。
それが今回主に私がやった仕事でそれ以上でもそれ以下でもない。

だからさまざまな考察とか感想などで盛り上がっていただけるのは何よりなのだけど
必要以上に私のことなどを作品に照らし合わせたり
ましてやそれで不快になったりしないでいただけたらと思っている。

最後に

「シン・エヴァンゲリオン劇場版」を観てくださった皆様
テレビシリーズから長いことエヴァを観続けてきた皆様
一緒に歩んできた全てのエヴァのスタッフの皆様
宣伝や劇場やグッズなど全ての関連企業の皆様に

心からの感謝を送ります。ありがとうございました。

仕事に脳の容量をもってかれてるせいか
「おぼんごと茶わんを持って食事をする」という事案が
発生。
英国婦人か。!!
カップ&ソーサーみたくなっとる…
2019
mogoco

ミニ監督不行届09

レディ秀明からのご報告です。

2019.6.25

カントク不行届
アーン
どうしたいんだ…

ミニ監督不行届10

のど飴たべる？と聞いたところ手を出したのでアメを載せながらふと見ると同時に口も開けている。
どっちなの？と聞くと「最初は手に載せてもらうつもりだったが、口に入れてもらう方が楽だと光の速さで気が付いた」との返答でした。

2015.2.18

第六回　結婚式

先週「シン・仮面ライダー」の情報が解禁になったので
監督のライダーコスプレ画像を久しぶりに見た。
30年以上前の模型雑誌の企画ページで仮面ライダーのスーツを着た監督は
ヘルメットを小脇に抱えて嬉しそうに笑っている。

漫画の「監督不行届」の第壱話で
「結婚式」　新郎が仮面ライダーのコスプレをし花よめのコスプレをした新婦と2人でお世
話になった方々へ同人誌を配ること
これがマンガ・アニメ界においての正式なスタイルです」と描いた。

そのほうが漫画的には面白いのでライダースーツの絵を描いてしまったけど実際着用したのはごく普通のタキシードだった。

次のコマで「うそです…」ってそれ自体を否定して描いているのだけど伝わりにくかったようで
「監督は結婚式でライダースーツを着た」と認識されている方が非常に多い。

絵でライダーのスーツを描いたのがいけなかったのかライダーコスプレ写真の影響もあるのか。

とにかくまことしやかにライダースーツで結婚したと語られている。

て言うかそんな情報が信じられてしまうとはさすがオタク四天王。

監督ならきっとやる、となんの抵抗もなく受け入れられているのだ。

そういえば結婚当時に式の話をすると周りの仕事仲間の皆さまがそんなようなことを言っていたっけ。

え？　庵野、ライダースーツじゃないの？

ウルトラマンのカッコしなくていいの？

そんな質問に笑いながら「着るなら旧本郷ライダーじゃないと」と答える監督も含めて、全てはディープオタクガイたちの（グッドルッキングガイみたいに言うな）冗談だとばかり思っていたまだ29歳の私。

今の自分がもし近くにいたら優しく微笑みながら
「違うよ？　あの人たち、本気なんだよ？」

と言ってあげたい。


いや、当時の私ならたとえそう言ってくれる人がいたとて信じなかったかもしれない。

まさかそんなことを本気で言う人がいるとは夢にも思わずにいたあの頃……


あの頃に戻りたい。


いや、戻りたくない。

そういえば結婚式と披露宴がすごい大変だったのだ。

そもそも全くやる予定がなかったのに

『監督不行届』(祥伝社刊)第壱話より

監督の両親（特に義母）のたっての希望で執り行うことになった。

明治神宮での挙式はまだ良かった。
全ての流れが決まっているので会場に着いたら
監督は紋付袴、私は白無垢《しろむく》を着付けられて係の人に手を引かれ移動し
ベルトコンベアのように全てが進行して速やかに終了する。
自分たちで決めることはほとんどなくてコンパクトにまとまっていた。

花嫁衣装が思った以上に重くて持ち上げている指が折れるかと思ったけど
厳《おごそ》かな神前式はやって良かったと今でも思っている。

問題は披露宴だった。
義母の気が済めばいい話なので親族だけのレストランウエディングにしよう
と言っていたはずなのに、監督が
「仕事でお世話になったから」とか「この人呼ぶならこの人も」と
どんどん人数を増やしたので最終的には分不相応なほどに大きな披露宴となった。
よくあるダメなパターンを踏んだのである。

しかも料理や会場の手配などの準備は全て私がプランナーさんと打ち合わせて決めた。

監督は会場で流す音楽を一生懸命選曲していたが
監督側の招待状の手配や同人誌の作成は
「監督不行届」の巻末2万字解説でもお馴染みの神村さんご夫妻が中心になって
やってくださっていた。
式の様子を撮影してすぐ編集し翌日披露宴会場で流す、
と言う凄技も摩《ま》砂《さ》雪《ゆき》さんや有志の皆さまが無償でやってくださるという。
つまり監督自身は本当に何もやっていなかったのだ。

それなのにまだライダースーツの話をしている。
いい加減頭にきて
実際にそんなスーツを貸してくれるところがあるのか聞いてみると
昔レプリカを着たことがあると言って、ライダーのカッコしてる写真を見せてくれた。
それが冒頭で書いた例の写真である。

本当はそのまま着て帰りたかったそうだがついにスタッフの方から
「脱いでください」と言われて脱いだという。
脱いでくださいと言われるまで脱がなかった、と言う状況が目に浮かぶ。

脱いだときはすごく寂しかった…

と、真面目に思い出を語る監督。

ていうかそう言う話はいいから実際に借りれんのか聞いてんだけど？
私はブチ切れていた。

結局借りることはできなかった。
もっと早くから準備をしっかりやって周りに頼んだり
発注して作ってもらったりしておけばよかった。
そしたらライダースーツを着せてあげられたのに…

などと思うはずもない。

同じように仕事をして同じように忙しい中で
私自身は15分くらいの試着でウエディングドレスを決めて
アホみたいに増える招待客への対応でどんどん変わる会場をその都度見に行って
死ぬほど大変だったのだ。

あの写真を見てそのようなことを思い出してしまった。
懐かしいと同時に腹立たしい。

でも長年の夢が叶って仮面ライダーの映画に携《たずさ》われた監督のことは素直に応援したいと思っている。

ちなみに監督がせっせと編集した新郎新婦退場時の音楽だが「帰ってきたウルトラマンM13」でスタートし「レッツゴー!!ライダーキック（ｉｎｓｔｒｕｍｅｎｔａｌ）Ｍ‐９Ａ」で締められていた。

これも大きな会場のエントランスで流そうとして会場の方からＮＧが出てしまいお客様のいるゾーンでなら、とかいう条件つけられてボリュームを絞って流したのだった。

うん。本当に戻りたくない。

ミニ監督不行届 11

「道瀬食堂」という民宿に併設したカフェで、
自家製ピザや鶏だしのラーメンが
美味しかったです。
私達が行った日はあいにくの雨でしたが
夏はデッキが気持ちよさそー!!

2014.6.8

ミニ監督不行届 12

昨日の続き。
監督は毎回「切り盛り」をどーしても
「きりもみ」と言ってしまうのでした。
そのつど突っ込み続けて
もう12年になります。

2014.6.9

第七回

集中力

監督は眠っている時の姿が変わっていて
浜辺に打ち上げられた棒みたいに一本になって寝ている。

体の中にある本体が抜け出して、その際入れ物である肉体を
ぽいと投げ出して出かけてった、というような感じがする。

なんでそんなふうに感じるかというと
普段から監督の動きがそんな様子だからだ。

テーブルの上にある醬油さしなどを取るときも
アームを動かして、醬油さしを摑み、持ち上げる、というように
小さい人が大きいロボットの頭の中に入って

「操縦」してるみたいに見えることがある。

NHKの「プロフェッショナル」を観た。
監督は自分が出ているものを観ないので1人の時にした。

今日から取材が入るんだ、という話を聞いてから
もうずいぶん経つので取材が入っていることを私はほとんど忘れていた。
監督からもその後の報告や今日NHKの人がね、みたいな話がなかったせいもある。
打ち入り（映画制作に入るときの集会）などでカメラを見かけると
思い出すのだが、またすぐに忘れてしまう。

密着取材をするスタッフというのはとても上手に自分たちの気配を消す。
それも現場で訓練されていって身についたものなのだろうけど
黒子《くろこ》というより背景と一体化してしまう忍者である。

「見ている人」がいることで人間は意識し、言動が変わったりするので
それをいかに取り払うかがドキュメンタリー制作のコツのひとつでもある。
それでいて時にはタイミングよく質問を入れてコメントを引き出す。

テレビカメラが入ってるのにこんなケンカとかよくできるなー
と、大家族ものなど見ていると思っていたけど
あれは「そこにいるけどいない人」が撮影しているのだと自分が
密着取材された時に知った。

カメラがあると最初こそ意識して余計なことを言わないように気をつけているが
そのうち慣れる。
カメラマンさんもディレクターさんもこちらが何かを言ったりやったりする時
笑ったり「へえ、そういうこと言うんだ」みたいな反応を一切見せないので
その存在を感知できなくなっていくのだ。

私などはカメラの存在をすぐに忘れていつものように雑な行動をして
言わなくていいことを言ってるのも全て撮影されていた。

一方で心情を吐露するような部分もドキュメントなんだから
こういうシーン必要でしょ、って思ってやっているところがあった。
そのために自分にとって不利益であろうと差し出してしまう。
自覚しているのだがなかなか直せない私の弱点の一つだ。

なので監督が警戒姿勢で現れ、好きなように振る舞いつつもＮＨＫのカメラの前でほとんど心を開かないままに終わったのを見てひっくり返ってしまった。

なんだこれー！


なんと言う鉄壁の守り。

４年半も取材に来てくれていたスタッフさんならもう少し打ち解けてもいいんじゃないの。

と、思った程に何も話していなくて驚いた。

正直ちょっと申し訳なくも思ってしまった。

いや、思う必要はないんだけど。

それは私のスタンスであって監督はそうではないのだから。


解禁できない情報があったり、自分１人の仕事じゃない分もし何かを漏らしてしまうと大変だという状況というのも少しあったかもしれないがどんな時でも監督はブレずに自分のスタンスを守る。

それでその場の空気が悪くなろうと、番組を見た人がどう思おうと要求されても言いたくないことは言わないし、やりたくないことはやらない。
何故なら仕事を真剣にしている状況を取材に来ているからだ。

やりたくないことはやらなきゃいい、偉そうに言うほどのことでもない。
そんなの当たり前だという方もいるかもしれないけど
それは結構難しいことだと解説させてもらいたい。

先に書いたようにドキュメントの取材班というのは邪魔をしないよう
取材し続けながらも
番組としての山場や特別なシーンを常に探し求めているのである。
それは制作者として当然だ。

しかしながらこちらもそれに合わせて山場を用意することはできない。

自分の話になってしまうけど、実際に自分が取材を受けた時
私は「ずっと漫画描いてるだけで何も特別なことはないんですよ？」と
打ち合わせでお話しした。
締切の合間を縫ってファッションショー行ったり

夜中まで仕事したあとクラブに行って遊んだり、
はたまた息抜きに、と突然1人でモロッコに旅立ったりは一切ないですよ、と。

そして取材が始まったのだが朝10時ごろ出勤したら夜遅くまで漫画描いて
家帰って寝る、の繰り返しすぎて
「あ、ほんとになんもないわ」となったのか
取材班から
「思っていた以上に漫画しか描いていないので絵がずっと同じになってしまうので
もう少し変化が欲しい」と注文が入った。

今だったら「いや、そんなこと言われても最初にそう言ったし
締切なんだからしょうがないんすけど…」と言うかもしれない。
だがなんかまだ若くて頑張り屋さんだったので、提案されるがままに
半日しかない休みの日に地元に帰って昔住んでいたあたりを歩き回る、
というやりたくもないことをやる羽目になった。
虐待を受けていたので子供時代に住んでいた場所は戻りたくないし
地元の友達とは疎遠で大人になってから1~2回集まったけどそれきりだ。

結局団地をうろうろして、やっと見つけた元同級生のやっているお菓子屋さんに行く

というだけで終わった。
ものすごい徒労感と子供時代のフラッシュバックでダメージを受けたが
そもそも断固として断れば良かっただけの話だったのだ。

だが、私のようにとりあえずその場をやり過ごそうとして
あまり深く考えないで要求されたことに応えてしまう人間というのもこの世にはいる。
そんな人間からすると監督の「断固として」という姿勢はいつも
「そっか、嫌だったら断ってもいいいんだ」
という指針になるのだ。

監督の仕事の姿勢もそうだ。
とにかく相手への要求がものすごい高い。
それだって嫌だったら断ればいいのだ。
でも、やってみたい。監督が求めているものを作ってみたい。
そう思ってみんな頑張っていく。

そもそもその「相手への要求が高い」というのは
相手の才能に対して制限をかけないということでこれが普通はできないことだ。
そしてそれに嬉々として答えていくエヴァの監督勢やスタッフの面々は

すごい人たちばかりだな、と改めて思う。

私は一度監督の映画「キューティーハニー」で怪人のキャラクターデザインを任されたことがあった。

渡されたラフデザインは私から見るとこれで充分なのでは…と思うレベルの出来だ。

それでもなんとか自分なりに要素を足したものを描いて出すと違うと言われる。

なのでやり直す。

提出してもまた違う、と言われる。

それを繰り返していくのだが、その作業はまるでモデルがないのに粘土の塊から何かを掘りだせ、と言われて呆然としながら削り出していくようなやり方で写真やモデルの人間を見せられてここをもっと長くして、みたいなこととと根本的に違う。

お前の中にある最高のものを出してこいよ！

こんなもんじゃないだろ！

と言われ続けるのである。

私は自分の仕事ではアシスタントさんへの指定で明確にイメージを伝え

思ったように仕上がらなかった時はこちらのイメージがもう一つ明確でなかったか
伝え方に問題があったか考えて改善していくやり方なので
ものすごいストレスを感じた。

そもそもキャラクターデザインはイラストレーターさんや
キャラデを専門職にやっている人がいるくらい特殊の技能が必要な職種だ。
私は漫画家だししかもファンタジックな世界観のものは描いていないので
鎧兜《よろいかぶと》のようなコスチュームのデザインは全くできない。
現代のリアルクローズなら得意だけど戦闘服とかそういうセンスは持っていない。

最終的には筆箱を投げつけるくらいブチ切れたので
監督とは二度と仕事をしたくない、と思った。

私のやり方は漫画だからというのもあるけどアシスタントさん個人の資質に
頼るやり方ではなくて、素材を渡すやり方。

これは監督の言葉を借りると「自分の中にあるもの」だけでやりくりするやり方だ。
現代が舞台で少人数で仕上げる漫画だからそれで成り立つけれど
壮大な架空の世界となると何人もの頭の中の広大な図書館を繋げて

膨大な情報の中から最適なイメージのかけらを見つけて全員で拡大していくという作業が必要なんだな、
と「プロフェッショナル」を観終わって思った。

家で仕事中の監督はものすごい集中力で机に向かっていて
周りの空間が歪《ゆが》んで吸い込まれていくように見える。
自分の中にあるものに対してても限界まで出していこうとして
常に自分自身をぎゅうぎゅう絞っている。
それは本当に近寄り難いほどに厳しくて
よく持つな、と思うほど長い時間続く。

そしてそれだけ脳と集中力を酷使した後は
棒みたいに体を投げ出して寝てしまう。

きっと脳がフルスロットルで働いているのだろう。

だからきっと番組内でも取り上げられていたように
お昼にこっそりピザを食べたりポテチを食べることが必要なのだろう。

育毛の観点から髪の毛をしっかり乾かして寝るよう美容師さんから指導されたのに
濡れたまま寝てしまうのも
翌朝ベティちゃんのようなペッタリヘアになり
乾かして寝た、と言う嘘が即座にバレるのも
脳を使いすぎて日常生活で使う分が残ってないからなのだろう。

「ルマンドチョコ」を大量買いして棚の奥に隠したつもりで
私に発見されるのも
「モヨも食べるかなと思って買った」と弁明し
だったらなぜ隠すんだ、と私に突っ込まれるのも

きっと一生懸命仕事をしてるからなんだ、と思うことにしている。

ミニ監督不行届13

監督にありがとう、って言ったら左のような言い方を指導されました。

ウルトラマンゾフィーの最終回のお礼の仕方らしいです。ウルトラマン好きな人への正式なお礼作法なのかも知れません。

2014.10.10

すみません、ウルトラマンゾフィーというシリーズは無いんですね。正しくは「ウルトラマンの最終回」らしいです。
監督からウルトラファンの皆さんへ
「教育が至らず申し訳ありませんでした」

2014.10.11

ミニ監督不行届14

しかしこの後「フィギュアを捨てないでくれてるだけでもありがたく思う事にしよう」と独りごちていた監督なのでした。

2014.10.13

すみません、「ウルトラマンゾフィー」も間違いだそうです。ww「ゾフィー」だけなんですね。わかってないにもほどがある、これは基礎知識だ、と注意を受けています。なう。眠い。モヨコ

2014.10.13

第八回

庵野家最強の存在

監督はよく鼻歌を歌っているがそれは大抵オリジナルソングで
歌詞は大抵「サリーは可愛い」とかむにゃむにゃして言語になっていない何かだったりする。

ちなみにサリーとはうちの猫で、初代飼い猫庵野マイティジャック亡き後は
庵野家において最強の地位にいる。

どれほどに最強かというと、仕事に出かけようと支度を終えて
あとは出かけるだけ、という状態の監督を呼びつけて
お腹を撫でろ！と強要し毎回しっかり撫でさせているし
眠る時は監督の二つある枕のうちのフカフカな大きい方をベッドのようにして
監督の頭上でお眠りになっている。

そもそもサリーとは滅多《めった》に行かないペットショップで出会った。
ある年の12月。それもかなり年末に差し迫った頃だった。
体調を崩していたマイティジャックの療養食をうっかり切らしてしまい
いつも買っている動物病院に行ったところ、いつもは必ずあるそのフードが無い。
今からアマゾンで頼んでも間に合わないので病院のアドバイスに従って
車で5分ほどの場所にある大きなペットショップに買いに行った。
ジャックの療養食をお願いするとすぐ店員さんが倉庫に探しに行ってくれた。

初めて入る大きなペットショップは年末の人出で賑わっている。
沢山の家族づれが子犬や子猫を抱っこしたりケージに張り付いて
中を見ている。

店員さんが戻るまで見るともなしに見ていると
小さな白いシャム猫がどうぞご自由にお抱きください、みたいな感じで
展示されていて通りゆく人にどんどん抱っこされてはボーとしていた。
どんな人に抱かれても
何か諦めているような、薄い反応しか見せない。

私は気になって自分も抱かせてもらうことにした。
シャムだと思ったのは間違いで「トンキニーズ」という初めて聞く品種だった。
シャムとバーミーズのミックス種であるというその子はほっそりしていて
あまりにも儚《はかな》く消えてしまいそうだった。

ペットショップで大人しい子や反応が薄い子は
病気の可能性があるので買わない方が良い、というのを
昔どこかで読んだことがあった。

きっと沢山の人に抱っこされすぎてくたびれたのだろう。
自分も気まぐれに抱っこの列に加わってしまったことを悔やんだ。
ちょうどジャックのフードもやってきたのでお会計をして帰ろうとした時
もう一度目をやると、よるべなくその子はまた
どうでもいい感じで抱っこされて項垂《うなだ》れていた。
それを見た瞬間私は監督に「あの子を連れて帰っても良い？」と聞いていた。
監督は
「そう言うと思った」
と言って、その日にサリーはうちの子になったのだった。
家に帰るとあれだけ全てに無関心だったのに、膝に乗って大変な勢いで何十分も私の手

を舐めていた。何か味でもついてたかな？と思うくらいにペロペロ舐めてゴロゴロ鳴いていて本当に自分のお家が見つかって安心した！という感じだった。

その姿を見ながらもう何があっても絶対に幸せにするからね！と思ったのを覚えている。

そうして家族の一員となったサリーだがあっという間に覇権《はけん》を握った。

ジャックはおじいさんで元気一杯の小学生女子みたいなサリーには到底かなわない。

喧嘩をするということもなく、おじいさんが孫を可愛がるようなこともなく

二匹は決して仲良くはならなかったがそれぞれの縄張りを決めてお互い尊重しあっているように見えた。

日のあたる暖かいリビングとソファはジャックのもので

一階の仕事部屋とベッドルームはサリーの縄張りとなった。

しかしそれも今思えばサリーにとって最大の譲歩だったのだ。

それでもサリーにとってジャックは先住猫として

一応敬意を払う存在だったということだ。

とにかくサリーは非常な女王気質で、私は毎晩決まった時間になると

どこにいてもブラッシングをせよと呼び出される。

それは通称「ちやほやブラッシング」と呼ばれるもので

サリー…
わしはさっきから
ずっとトイレを
ガマンしてるんじゃ
よ…
moyoco 2021

すごい勢いで褒めそやしながらブラッシングをしないとご機嫌が悪くなり
いつまでもニャーニャー怒鳴られ続けるので
静かに夜を過ごしたいと思ったら必須のイベントなのだった。

ちやほやの内容は毎回同じではいけなくて
「今日は夏の雪山のように美しいですね、どちらへお出かけですか？」
「おてての先のコーヒー色が大変にエレガント！」
というように調子やら褒め言葉もいろんなバリエーションが要求される。

サリーを見つけてうちの子に、と連れて帰ったのは私なので
甘えては来るのだがどうも監督に対しての甘え方と私への態度が違う。
私の上をのしのしと通り道のように歩いては監督の胸元に乗っかって気持ちよさそうに
寝そべる、という具合である。

ジャックが具合が悪かった間は彼の慣れ親しんだマンションにいたが
仕事場と兼用でずっと窮屈だったので、ジャックが旅立った後
家を引っ越した。
今まで唯一遠慮をしていたジャックもいないまっさらの新居では
女王としてもっと好き放題に振る舞うに違いない。

そう思っていたのに全く逆の反応だった。
家を移るのは猫にとってストレスであるのは知っていたけれど
大変に怯《おび》えてじっとしたまま声すらも発しない。
すっかり元気を無くしてしまい、ツヤツヤだった毛も
遊び倒したモンチッチぐらいのゴワゴワした塊みたいになってしまった。

慌てて病院に行って検査をしても特に悪いところはなく
完全に気持ちの問題、引越しのストレスだろうと言われた。
あまりのサリーの落胆ぶりにお前はそんなに前のお家が好きだったの、と
驚いて彼女だけを以前の家である事務所に住まわせることも検討したが
夜や休日にはひとりぼっちになってしまうし、
そうさせないために夜遅くまで仕事場にいて休みの日も出勤するのでは自分達がくたびれてしまう。
何しろ仕事場なのでくつろぎ空間があまり無いのだ。

どうしたものか、と頭を抱えているときに知り合いが
たまたま「動物の声が聞こえる人」だと判明した。
普段はそういった主張をする方には近寄らないようにしているのだが

もともとお付き合いがあってそれまで全くそんな話をしなかったのに
私がふとサリーの話をしたら「ちょっと会わせてください」とおっしゃる。

家に来てもらってサリーと向かい合い、何やら話し込んでいた。

しばらくしてサリーの全主張がわかった、とその方が解説してくれたところによると

サリーちゃんは前の家のインテリアの方が好みだった。
肌触りの良いベルベットのソファやドレープのあるカーテンなどが良かったのに
今度のおうちはそう言う場所がない！（新居はリネンのロールアップカーテンでモダン系のインテリア）

前のおうちには召使いが沢山いたのにこっちには誰もいない！
（前の家は仕事場も兼ねていたので常に2〜3人のスタッフがいてサリーを可愛がっていた）

こっちの家は自分の好みと違う。こんな牢屋みたいな殺風景な場所（モダン…）嫌い。

そして極め付けに

サリーちゃんは監督さんのことを自分の夫だと思っている。

と言われて
私はもんどりうって叫んでしまった。

だからか――!!

そう、だからいつも監督が帰ってくる時間が近くなるとブラッシングをせよ、と
私に命じて綺麗にして夫を出迎えていたのだ。
貴族か?!
「ダウントン・アビー」で、召使いが女主人の髪を朝晩セットしていた、そんなシーンが
頭をかけ巡る。

え…監督が夫ということは私は…?
私のことはなんだと思ってるの? サリーちゃんは。

思わずそんな言葉が口をついて出てしまった。
だって夫と同じベッドに寝てる他の女がいたらすごい嫌だろうに

その女にご飯ねだってるってどういう心境？

ねえ、なんだって思ってるの？

するとその方は微笑みを浮かべて

サリーちゃんはモヨコさんのことを自分たち夫婦のお世話をする係だと思っています。

と言った。


サリーの中で私は「愛する夫である監督と自分の世話を泊まり込みでしてくれている女中頭」のようなものだったことが判明した。

同じベッドに泊まり込むってどんな女中頭よ。

家の中で私が座る椅子はいつもそのあとサリーが座り始め
ベッドでも私の寝ている場所はサリーの場所になる理由がわかった。
女主人の座る場所には自分が座る、と決めているのだろう。

その話を監督にすると何やらこまったように「そうか…」などと深刻ぶっている。

眉をひそめて苦悩したような顔をしているのだが口元は笑っている。

「しょうがないな、サリー」

と、次第にニヤニヤしはじめて最終的には「ウフフフ」と笑い出していた。

そう、監督もサリーのことが大好きで旅先などでは夜眠る前に
自宅にてお留守番をしてる妻に
「おやすみサリー」と言ってから眠っているのだ。
なんだこの夫婦。

仕方ないので私はお世話をする係として職務を全うしようと
サリーの好きそうなベルベットのクッションやふわふわのスローなどを揃え
小さなソファなども買ってなんとか今の家でも快適に過ごしてくれるよう努めた。

その結果毛並みも復活してすっかり元気になってくれたが
あいかわらず毎朝監督にマッサージを要求し綺麗にベッドメイクした
一番フッカフカの場所に飛び乗って眠り
私のことは召使いだと思っている。

私も自分のことは召使いだと思っている。

漫画家二宮知子邸にて
きゃっきゃ!!
子供たちに大人気のカントク
ガタンゴトーン
←なんか多分トッキュージャーのおもちゃ
ニコちゃん
ひろくん

ミニ監督不行届15

トッキュージャーについて
未就学児童達と熱く語り合った夜。
帰りには大きな声で
「また一緒に遊んでね!」
と呼びかけられてました。

2014.6.16

「おもちゃ沢山あるよ」って言われてもついて行かないように!!
ええ…写メで確認してクオリティ低かったら行きませんよ

ミニ監督不行届16

海外ドラマを観ていたら、
50代の主人公(夫婦円満)が
若い女性の誘いに乗り
まんまと関係を持ったので、
監督にクギを刺してみました。
しかし私の口から出た文言が、
どう見ても子供への注意事項。

2014.9.6

第九回　ひとつしかない男

リモートワークになってから久しいが、私の事務所では
毎週火曜日に全員が参加する「ナンナントウ会議」というのがある。
着物の部門に携わっている外部スタッフ含めた「百葉堂会議」
シュガルンのグッズやカレンダーの進行を決める「シュガルン会議」
などメンバーが違う会議がいくつかあるのだが
統括して全体の進捗《しんちょく》を確認したり相談したりするのがこの火曜日の会議だ。
先日この会議中に監督が乱入してきた。
しかもお腹丸出しで困り顔。
どうしたのか問うとベルトが見つからないという。

監督は習性があって脱いだものなどはいつも必ず置く場所が決まっている。
私からすると「そんなところに置かないでください」というような
適切ではない場所なのだが、監督の中ではそこが所定の位置なので仕方ない。

「いつもの場所に置いたはずなのに無い」

いつもの場所とは洗面所の洗面ボウルの横のほっそいスペースである。
普通なら歯ブラシや洗顔料などを置くようなその細長スペースに
なぜか脱いだズボンとベルトをめっちゃ小さく畳んでおくのが
監督のお気に入りのスタイル。
ポッケの中の小銭や名刺入れなどもそのほっそいスペースにぎゅうぎゅうに並べている。
本当に意味がわからない。

ちゃんとした場所を用意してもどうしてもそうしてしまうので
おそらく習性なのだと思い10年ほど前に改善を諦めた。

そんないつも必ず決まった場所におく習性を持つ監督のベルトが消えてしまった。
やりとりを聞いていたスタッフが「替えのベルトで行くしかないですね」
と言う。至極《しごく》真っ当な意見だ。

しかし。

監督はベルトを一本しか持っていないのだ。

これは私の落ち度でもある。
というのも監督はそう言った装飾品などを自分で買うことが全くないからだ。
今使っているベルトもずいぶん前に私が買ったもので
その前にも何本か買ったのだけどどれも気に入らなくて
何本目かでやっとしっくりきて使うようになったものなのだった。

なのでそれ以外のスペアは引っ越しとか断捨離のたびに処分して
(と言っても2本か3本だけど) その1本になってしまっていた。

気に入ったらそれしか使わないので、新しいものを全く欲しがらない。
なので私もすっかり補充を忘れていたがおそらく今のベルトも10年以上は余裕で使っている。
その一本が無くなったというのは一大事である。
家中を隈《くま》なく捜し、サリーの爪研ぎの下までひっくり返してみたが無い。

新しいベルトを買う時期なのかもしれない。

そもそも監督は靴もそうだしカバンもメガネも
ひとつしか使わない。
日替わりで取り替えたりすることがないので靴もメガネも
ずっと出ずっぱりである。

先日の「プロフェッショナル」の放送の少しあとのことだった。
作業用の眼鏡を作りにいつもの眼鏡屋さんに行くと
店員さんが「テレビ、観ました」と神妙な面持ちで言い出した。
そのお店は眼鏡オタとしか言いようのない、良い意味での変態がやっているお店のため
この時点で何を言われるのか予想がついた。

「ご主人の眼鏡のフレーム…磨いた方がいいです。ていうか磨くから持ってきてください」

監督の眼鏡は他のお店で作っているのだが眼鏡を扱う者として見過ごせない、という
ことなのだろう。
ありがたくも恥ずかしい。

しかし持っていくことはできないのである。
これもベルトと同じでお気に入りのためにそれしか使わない
監督にとって唯一の眼鏡だからだ。

お風呂に入る時もそれをしてiPad miniで漫画を読んだりしてるので
セルロイドのフレームが完全に白く変色して表面もカッサカサになってしまっている。
テレビを通してもはっきりとわかるほどに劣化してしまったそのフレームも
壊れるまで休ませてもらえないのだろうと思うと不憫《ふびん》である。

そもそもその眼鏡もその前に長年していた八角形のアルミフレームの眼鏡が
腐食して壊れてしまったのでどうしても同じものが欲しいと言って
探し回って探し回ってやっと見つけた時、「気にいるとまたそればかり使って壊れたり
無くした時に困るからスペアを作っておこう」と提案して作ったものだった。

大騒ぎして見つけた八角形の方はやはりオリジナルとフレームの材質が微妙に違うのが
気に入らなくて結局一回も使わずじまいだった。

こういうことがあるたびに私は遠くを見つめながら「探偵!ナイトスクープ」で観た
「同じ靴しかはきたがらない幼児」の回をぼんやり思い浮かべている。

その2～3歳くらいの男の子もすごく気に入った夏用の靴しか受け付けず
お母さんが苦心して探した似たような靴も絶対に履かなかった。
結局サイズアウトした古い靴を分解して新しい靴に貼り付けて履かせていた。

監督ももちろんだが同じ靴しか履かない。
気に入った靴があると雨の日も雪の日もそれを履いて出かけるので
どんどん傷む。
しかも自分では決してお手入れをしないので、私が磨いたり湿度を取ったりしなければならない。
私も自分の仕事が忙しくて手が回らなくなってくると
途端に劣化に拍車がかかる。

革靴なのに履く時つま先をトントン地面に打ちつけたりするから革が捲《ま》れてくる。
靴の修理屋さんに持ち込んで靴底を張り替えてもらうこと数回、
つま先の修復もお願いしたりしながらなんだかんだで持ち堪《こた》えても限界はやってくる。

いい加減新しい靴を買いに行こうと重い腰を上げてやっと似たような靴を見つけて
買って帰っても、また古い靴を履いて出かけてしまう。
壊れるか紛失するかしない限り新しい方に乗り換えるということがないのだった。

そこまでその靴が気に入っているならもっと大事にお手入れしなきゃダメだと
何度言ったか知れない。
どこまで履き倒すのか、ということを如実に表したエピソードとして
結婚前に履いていたサンダルのことを思い出した。
たびたびインタビューなどでもお話ししたことがあるけれど
監督と付き合うようになったきっかけの飲み会（萩尾《はぎお》望都《もと》先生を囲む会）で
私は恐ろしく着脱に手間がかかるサンダルを履いていた。
会場が座敷とは思わずに履いて行ったのだが途中でトイレに立った時も面倒すぎて
目の前にあったビルケンみたいなサンダルを誰のものとも分からず
「これ借りまーす」と言ってつっかけた。

おかしな話だが履いた瞬間なんか「ふわ」と浮き立つような感じがして
気持ちが良かったのを覚えている。

お酒のせいで酔っ払っていたのかも知れないが気持ち良いまま
トイレから戻ってきて
「これ誰のかわからないけど借りちゃいました」と言ったら

「ああ、いいよ」と監督が手を挙げたのだった。
その時に、なんとなく監督はいい人なのかな?と思ってしまった。
もちろん勝手にトイレサンダルとして使用したのに怒らないでくれたのもあるけど
その人の持ち物から感じる雰囲気というのか空気というのか…
とにかく履いてる自分まで穏やかになったような気持ちがしたのもあった。

そんな思い出のサンダルだが結婚して2年目にも監督はまだ履いていた。
おそらくその飲み会の時点で5年以上は熟成されてる感じがしたので
少なく見積もって9年以上履いている。
ある日、毎日のように掃除をしている玄関がどうにも臭いことに
気がついた。
臭い日が2日続いたと思うと次の日はにおわない。安心したのも束の間で
翌日からまだ3日間連続で臭い、という感じで1~2週間が過ぎた。
猫のジャックがストレスでもあってどこかに隠しうんこなどしたのか?
と思って捜してみるけどそんなものはなく、躍起《やっき》になって壁まで綺麗にしてもまだ臭い。

自分がおかしくなったのかと心配になって全ての靴底をチェックして
拭いたけど変わらない。
しまいには下水管がどうかしたのかとまで考えだしたが

はっ!!と思い立って監督のサンダルのにおいを嗅いだ私はその場に倒れこんだ。
マジで死ぬほどうんこ臭い。靴底は綺麗に拭いてある。
熟成が進み過ぎてサンダルがうんこそのものに近い存在となっていたのだ。

あまりの臭さに泣くほど笑った後で我にかえり監督を呼びつけ
「一刻も早くこのサンダルを捨てて!!」と申し立てた。
しかしその時も替えのサンダルがない、と言って応じない。

2人にとって思い出のサンダルだからということもあってなかなか首を縦に振らなかったが
こんな異臭の素《もと》を玄関に置いておいたら健康に問題が起きそうだと説き伏せ
新しいのを買ってすぐさま叩きつけるようにして捨てた。

なんにしても物持ちが良いのは美徳ではあるが、ものには限度がある。

ベルトが見つからないまま出勤した監督を見送ったあと、
新しいベルトを探してネット通販を探し回った。
また何本も買って気に入るのは一本だけ、みたいなことになるのかな。

などと考えると自分で選んでくれたらいいのにという気持ちになる。
でも絶対に自分では買わないし、そのまま放置しておけば
おそらくベルトも靴もないままで暮らす。
見かねた周りの人間がなんとかするほか無いのだ。

夕方になって件のベルトの行方がわかった。
足が汚れて仕事場の風呂場で洗った際ズボンを脱いだのでそのまま置き忘れてた
ということだった。
どこかよそにベルトを忘れてくるなんて普通なら浮気以外に考えられないのだが
ひとつのものが壊れるまでは使い続ける習性があるのでおそらく大丈夫だろうと思って
いる。

ミニ監督不行届 17

いい夫婦の日。コートくらい自分で着なよ、と言ったところ。

2015.11.23

ミニ監督不行届 18

外でも着れるような
黒いオシャレスウェットを買った監督。
しかし、着た姿はどっからどう見ても
寝起きのおっさん。
「これじゃいつもと変わらない」と嘆く私に
監督が違いを教えてくれました。

2021.4.29（再掲）

第十回　運転交代

先日監督が車をぶつけた。本当に珍しいことで
10年ぶりくらいだろうか。

結婚してから日常的に車に乗るようになり20年近く経つ。
10年前くらいまではたまに擦《こす》ったりしていたけど
最近は全くそういったことがなかったので助手席に乗っていた私も
不意打ちをくらい驚いてしまった。

ナチュラルに発進していつも通りにハンドル切って
後ろの塀にゴインってぶつけて「え⁉」
と2人で顔を見合わせた。
監督自身も全く予想していなかったようだった。

降りていってぶつけたところを確かめると
左のバンパーがザザザっと擦れていた。
転んで膝が擦りむけた時の傷みたいだなと思った。
子供の頃のそんな時の悲しさとか痛みを思い出して少し切ない。

それからその流れで最初の頃の監督とのドライブを思い出した。
それは毎回命が削られてんじゃないかと思うほど
緊張感に満ち満ちたものだった。

そもそも監督は身分証がわりに免許を持っている人の典型で
18歳で免許をとって以来ほとんど運転したことがないまま20年くらい経っていた。
免許更新を忘れ資格を失ってしまったけど
本来ならゴールド免許だったと本人は主張する。
全く運転していなかったからだ。

大体運転自体が苦手で向いていない、と繰り返し主張するほどで
自分で車に乗る気はさらさらなかったと思う。

それが結婚してしまったがために運転する羽目になった。
妻の私が電車はともかく駅が嫌いでなるべく電車に乗りたくないし運転できないくせにドライブが大好きな人間だからだ。

私は高校生の頃友達がみんな原付の免許を取るようになっても自分は原付に乗ったら死ぬタイプの人間だと思っていたので取らなかった。

とにかく常に何か別のことを考えてしまう。

自転車に乗っているときなどが一番ひどく、水色って何の色だろう、などと考えたりしてるうちにバス停にぶつかったり、どんどん道路にはみ出たりしてしまっていたからそれをスピードのある乗り物でやったら間違いなく事故るだろうと予想がついた。

死ぬのも嫌だけど誰かを怪我させたりするのが一番怖い。
それと全く別にいつか自分はすごいスピードで壁などにぶつかりたくなってしまうような気がしたのでそれも怖くてやめたのだ。

高校時代は通学路が一緒の友達が早めに免許を取って送迎してくれたり付き合っている人がバイク乗りだったりしたので自分が運転しないでも

あまり不自由がなく済んでしまった。

地元を離れて都内に引っ越した後は電車もバスもタクシーもどこにでも走ってるので
全く困らない。
なんなら車持ってるだけで毎月家賃並みの駐車場代が消えるので
持たないに限ると思っていた。

そんなわけで免許を取るタイミングがないまま漫画家生活に入ってしまったため
今に至るまで原付も乗れない。

運転しない人間に限って偉そうに色々言ったりするものだが
私も全くそのタイプだ。

そんな人間を助手席に乗せてペーパードライバーの監督が
車を運転すると言うのはどれだけのストレスだったろうか。
最初の頃は下手すると出かける予定の3日前くらいから口数が減っていく。
そのうちにほとんど喋らなくなって、深刻な表情が多くなり
話しかけても返事がない。

どうしたの何か心配なことでもあるの？と聞いても首を横に振るばかりで答えない。
そして当日になると朝からよくお腹を下してしまい一向にトイレから出てこないのだった。

運転の恐怖と私に何かを言われることのストレスが監督のデリケートな大腸を否応なく刺激していく。
やっとトイレから出ると死神博士のように額には血管が浮かびほおがげっそりしている。

そんな必死の状況でやっと車を運転するのだが最初の頃すごく怖かったのが、車線変更が面倒なのかいつでもどっちにも寄れるようにしたいのか理由は不明なのだが2車線ある場合その真ん中を走ることだった。

それもわざとではもちろんなくて、どうしよう、どうしよう、となりながら真ん中を走り続けてしまうのである。
運転しない私でもそれが交通ルール違反なのは流石《さすが》にわかるので

「どっちかに寄せたほうがいいよ」と言うのだが
運転初心者に近い監督にとっては運転中に話しかけられると
非常に気が散るようでよく喧嘩になった。
私も心の底では運転できない自分が口出しするもんじゃないとは思っているんだけど
あまりの怖さに「ちょっと！　やばいって」
「前見て前‼」
などと口走ってしまう。

しかし言いたくもなるくらい、恐ろしい運転が続くのだ。
ちょっとしたアクシデントで反射的に急ブレーキを踏んでしまったり
横から入ってきた車に突っ込みそうになったりする。
その度に本当に心臓が止まりそうになった。

そんなとき監督はよくあえて涼しい顔をして
「困ったやつだな～」
などと相手の車のことを上から目線で文句を言うのだが
よくよく見ると顔面蒼白で冷や汗を垂らしている。

その頃の私は高速の合流地点などでは毎回

目を瞑って心の中でこの世に別れを告げていた。
さようなら！　楽しかったよ、ありがとう！と。

今まで人の車に乗っていてそんなふうに思ったことがあまりなかったのに
ドライブ中ずっと怖い。ずっと死ぬ覚悟をしている。
そんなことってある？と自分でも疑問を抱くようになり

自分ちの車だから傷がつくのを怖がっているだけとか
監督の運転がダメだって思いすぎてなんでもかんでも怖がってるだけで
交通ルール的には別に問題ないのではないか、と
自分の精神の方を疑い出した。

あるとき何人かで車に分乗して移動したときに
後続車両に乗っていた人たちが
「後ろから見てたんですけど、監督の運転めっちゃ怖いです」
と、言っていたのでやはり気のせいではなかったのかとわかった。

ここで監督の名誉のために言うと基本的には安全運転なのだ。

決して無理な割り込みなどはしないし
信号も踏切もギリギリでいったりせず、見送る。
スピードも滅多に出さないし、かといって人の迷惑になるようなノロノロ運転もしない。
お見合いしたらほとんどの場合相手に譲る、紳士的なドライバーだと思う。

そこら辺はすごく模範的なのだが慎重すぎて
道の合流地点や交差点などで一瞬躊躇《ちゅうちょ》してしまい
見送ろうかな？　行こうかな？　見送るのやめてやっぱり行こう！
って考えてるうちに状況が変わったり向こうから来た車と
タイミングが揃ってしまったりするパターンが多いのだ。

さらに隣には「いける！　今行けるよ！」と騒ぐ無免許の人間も控えている。
ストレスでお腹も壊すと言うものだ。

そんな状況にも拘わらず頑張って耐え
少しずつ走行距離を延ばしていった監督の精神力はすごいと思う。
車も最初は知り合いが格安で譲ってくれた古い車でぶつけながら練習して

近所のお買い物などから始まり
徐々に遠出もするようになって
鎌倉に住んでからは毎回車を飛ばして都内まで通勤していた。
今もそうだけど車の中では相変わらず大音量でアニメや特撮の音楽をかけていて
非常に楽しそうである。

「プロフェッショナル」で出てしまったのでご存知とは思うが
現在の愛車は黒いミニだ。
食事前に時間が空いたので六本木のショールームにフラっと入るやいなや
ドーナツでも買うようにその場で購入していた。

監督がひと目で気に入って買った車は初めてだったが
初めて自分にしっくりくる車に出会えて喜んでいた。
その前までは大きな車に乗っていて、よくぶつけていたが
ミニにしてからは全くと言っていいほどぶつけない。
ストレスも無くなって運転を楽しめるようになってきていた。

ただ、テレビに映ってしまったためにスタジオ裏の駐車場には防犯上の心配もあって停められなくなってしまった。
私が着物の時にもミニだと乗り降りが難しいので最近は少し前に買っていた大きな車を使っていた。
今回ぶつけたのはその車だった。

本当に偶然だがその前日に、ふと思いついて免許をとろうと決めたところだったのでこれも何かのタイミングなのかなと思った。

いままで長年人の助手席に好き放題乗せてもらって言いたい放題してきた分の恩を返す番がついに回ってきたのかもしれない。
今度は自分がステージに立ってその実力が試されるのだ。

そこまで考えて、なんかこれはアレだな。
と、思いあたった。

ゲームでもなんでも人がやってるのを横から見てああすれば良い、自分ならこうする、などいくらでも言ってたのに実際にやってみれば考えていたほど上手くはできないアレである。

これはクリエイター志望の人にもよくある現象だ。
自分が何かを作ろうと思っていたらまず一番に
先人の作品に文句をつけるのをやめることだ。
それをやってる限りは自分の作品に向かうことができない。
ステージに立てばそれに全力で集中せねばならないので
他の人の作品にとやかく言う余力はない。

自分のステージに立つ、と言うことはそう言うことだ。

免許はもっと普遍的かつ現実的なものであるが
運転してみたら全く私の方が問題にならないくらい危険かもしれない。
決断力のかけらもなく交差点でぎゃー！　どっちどっち!!
と叫びながら周囲のドライバーから白い目で見られるのかもしれない。
高速の合流地点ではなかなか入れなくて後戻りもできなくて
気絶するかもしれない。

そんな時監督がなんて言うのか。

ニヤニヤしながら
「ほほう。運転が大変お上手、さすがですね」
などと言われたらどうしよう。

もう今日からは絶対に運転中に文句も言わないし
横からうちわで扇いだりストロー付きの飲み物を用意して
大切に扱おうと思っている。

ミニ監督不行届19

ジャックにまた足を噛まれながら寝ていた監督。起床後、ぼんやり顔で「運転していて思い切りアクセル踏んだらイガグリで。ものすごく足に刺さって痛い、と言う夢見たよ」とつぶやいており不憫でした。

2014.9.9

ミニ監督不行届20

2015.5.21

第十一回　お風呂おじさん

「監督不行届」のなかに風呂場でウルトラマンごっこをする監督の描写がある。

一応コミックスの最初に「この物語はフィクションです」などと銘打ってあるが何を隠そうあの部分に関しては事実である。

まあ、全く隠せてないけど。

もちろん他に人がいるような場所ではご迷惑をかけるのでやらない。

「今大浴場に誰もいなかったからウルトラマンごっこしてきた」

頭からほかほかと湯気を出しながら部屋に帰った監督から報告を受けたのが最初だったように思うが、程なく実際に目にすることになった。

「浴槽におけるウルトラマンごっこ」は

広く浅めの浴槽かプールというロケーションが整ったときにのみ発生する事案である。

水着を着て入る温泉スパで寒い時期だったために貸切状態になった時や
個室露天風呂が思いのほか広々していた時などに

湯煙の向こうでドシャーンバシャーン、ザザザ…と音がして
ふと見ると1人で戦っているおじさんがいる。

もちろん私に見せるためではない。

本気で自分1人で記憶通りに再現してみている、といった方が近い。

最初はドン引きしたしなんなら結婚を後悔したものだが
慣れてくると「今日も元気でよかったね」という気持ちで部屋の中からビールの入ったグラスを傾ける。

するとそれを目視で確認、軽く頷いてまた自分の世界へと没入。

というのが大体の流れである。

監督がお風呂に入らないのは島本和彦先生の「アオイホノオ」などでも
描写されているのでご存知の方も多いだろう。
というより昔からそのすじでは既に有名な話で、ひどいときには何ヶ月もお風呂に入らなかったらしい。

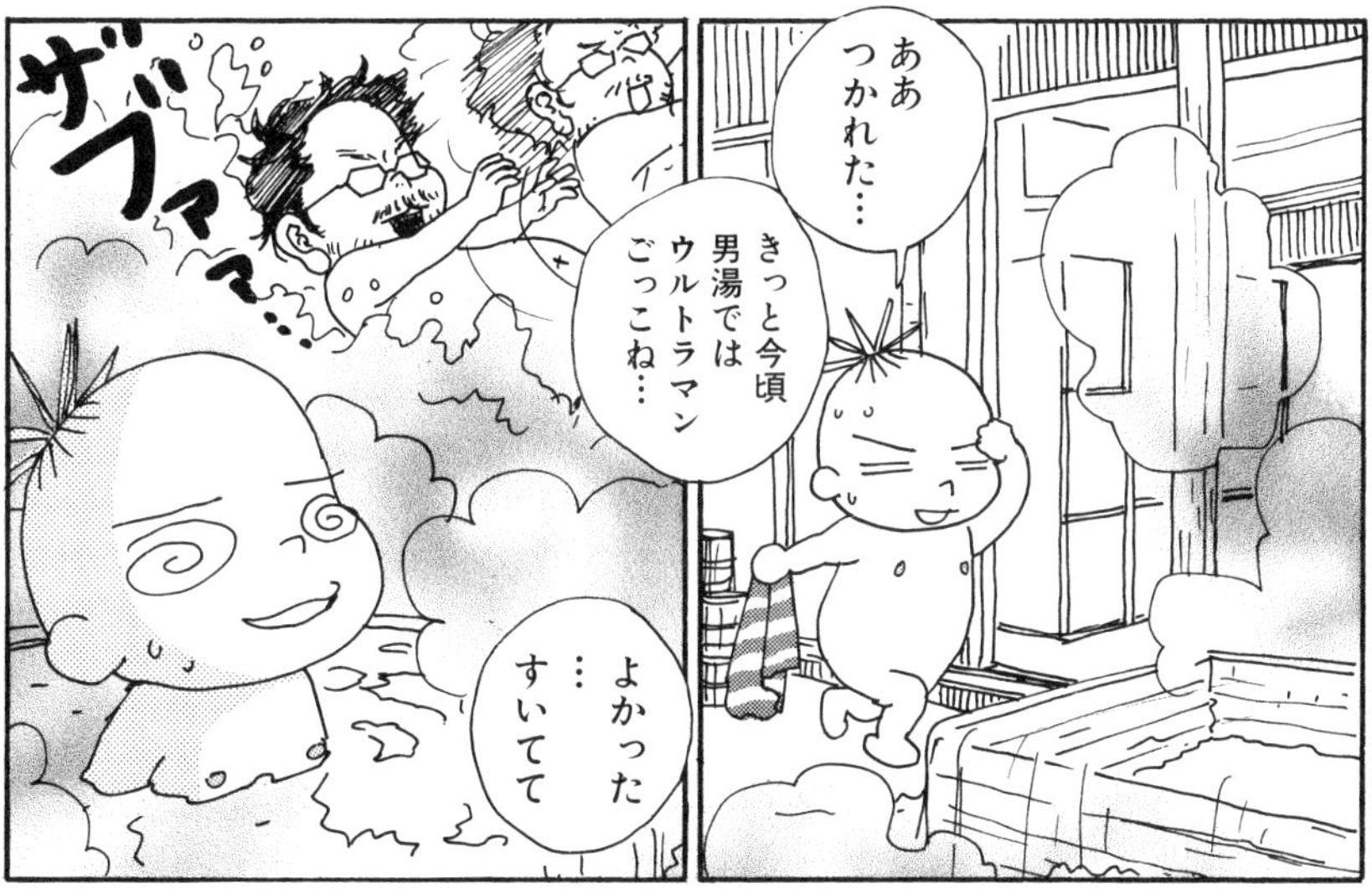

『監督不行届』第参話より

結婚式のときに来てくださった宮﨑《みやざき》駿《はやお》監督がいかに庵野が風呂に入らないか、という話だけを延々とスピーチして花嫁の私は穴があったら入りたい気持ちで聞いていたのを今でもたまに思い出す。

肉や魚を食べないので体臭がほとんどしないのだが
あまりにも風呂に入らないでいるとさすがに
部屋が鶏小屋の臭いになっていた、と樋口真嗣《ひぐちしんじ》監督がNHKのドキュメントで話していたがその話は付き合い始めた当時関係各所から幾度となく聞いたものである。

私も付き合い始めたときまず監督の家のお風呂が壊れていて使えなかったことに驚いた。
直さないのかと聞くと銭湯に行くからいいという答えだった。

一瞬ジムのシャワーとジャグジーを使うので自宅のお風呂は使わないという人たちのことを思い浮かべたが
そういう人たちはお湯溜めたり掃除したりが面倒だから
メンテナンスも料金に含まれているジムで入浴してるだけだ。

むしろお風呂好きで清潔感にも気を配ってるタイプが多く
監督の「家のお風呂は壊れたままでたまに銭湯行けばいい」っていうのとは
なんというか全く違う。

その頃監督が住んでいたマンションは
かなり古い「文化住宅」と呼ばれていたようなもので
配管自体が腐敗してどうこうなる状態を通り越していた。
住人もまばらで確か監督の住んでる部屋の隣も下も空き部屋だった。

お風呂場はタイル貼りの懐かしく可愛らしいものだったけど
いかんせん水が流れない。
少しでも流すと床に水が溜まったままになるので掃除もできない有様だった。

なので泊まりに行った時などは一緒に近くの銭湯に通っていた。
昔の漫画に出てくる大学生の同棲カップルみたい、というのも恥ずかしい。
年齢は28と40の立派な大人である。
最初の頃こそ物珍しさもあって楽しかったけれど毎回通うのは結構面倒ではあった。

しかもその時気が付いたのだが監督はお風呂が長い。

例えば入るときに8時に出ようと言って入ると
私の方はいつもみたいにのんびりしないでちゃっちゃと洗ってあったまったら
出て髪乾かしてお手入れして身支度してジャスト8時！
という感じで飛び出すのだが監督の姿はそこに無い（泣くところ）。

湯上がりで道端に立っているのはなんとなく心許ないもので
いつもより長く感じてしまうのかもしれないがそれにしたって遅い。
10分20分と待つ間に

「こんなに長くお風呂で一体何をやってるんだろう。
監督、お風呂嫌いなのかと思ってたけど…
これって逆に好きなんじゃないの？」

そのような疑念がむくむくと湧いて来ていた。

一般的には女性の方が時間がかかるため温泉などでも出口にある待合所では
浴衣の男性が手持ち無沙汰で待っている様子を見かけたりするものだが
うちはまたしても逆。ライダーベルトの件と同じである。

ゴミぶくろ自体は15コありましたよ…。

『監督不行届』第拾参話より

私自身は時間に余裕があって誰にも気兼ねのない状態なら長風呂を楽しむけど誰かと約束していたり混んでいたりすると時短モードで入る。

銭湯で、出る時間を約束している場合はそれにあたるので残り時間を見ながらちょうどに仕上がるように入る。

この場合そこまで深いリラックスには至らないままとりあえず洗ってとりあえず温まって出てしまう。

一方監督は…想像ではあるが
お風呂の世界に解き放たれた瞬間から時間の概念からも解放されて自分の気持ちの赴くままにのんびりゆっくりあったまる。
たまにしか入らないのですごい丁寧に体を洗う。
その後またゆっくりあったまる…

というようなことをやっているのではないかと思う。

芯からお風呂を楽しむことにかけてはどちらが良いかは明白である。

そんなわけで結婚して、お風呂が完備されている私の自宅に一緒に住み始めたら監督はむしろお風呂が大好きなんだと気がついた。

一旦入ると2時間前に永久凍土から帰還したのか？
って思うくらい延々とあったまっている。

その結果上がってすぐパジャマでも着ようもんならビッシャビシャに汗をかくし
一回乾かした髪ももう一回シャワー浴びたんか？というくらいに濡れてしまう。

バスローブを買って用意しておいても
警戒心が強いので見慣れぬものには袖を通さない。

結局いつも1時間から2時間お風呂に入り、その後汗が引くまで
「パルムタイム」（パルム食べて涼みながらのメールチェック）。
結局トータル3時間近くお風呂に費やしている。
相変わらず謎に女子力が高い。

ただ、そのように時間をかけるから当然
忙しい時などは入る余裕がなくなってしまう。

だったらお風呂に入る時間をもう少し短くして

そこまでほっかほかに温まらないで出ればいいんじゃないの？と
何度言ったかしれないが
一旦入ると全てを忘れてしまうシステムらしい。

漫画にも描いたように最初の頃こそ
放っておくと1週間ほど入らないこともあったけれど
年々その間隔が短くなってきていた。
そしてこのたびのコロナ禍が始まってからは完全に毎日お風呂に入る人となった。

それが毎回長風呂なので
ときどき心配になって中で倒れていないか覗きに行くのも日課となった。

今やっている仕事の内容で行き詰まっていたり
悩むこともある。
行き詰まった部分の絡まった糸を解くように
少しずつ分析してどこがからまり始めなのかを考える。
からまり始めの糸口が朧《おぼろ》げながら見えて
爪の先でほんの一ミリにも満たない糸の先をつまめたか？

って思った瞬間に話しかけられると私自身も
「あ、今捕まえたと思ったのに…」ってなるから
いつ話しかけていいかわからない。

だからそっとドアを閉めて部屋に戻る。

監督は湯船に浸かって茹《ゆ》で蛸《だこ》みたいになって
いろんなものが汗になって溢れて出て流れていくまで
お風呂から出てこない。

お風呂は命の洗濯よ、というミサトさんに
嫌なこと思い出すことの方が多い
とシンジくんは言っていた。

あれはどちらも真理ではないかと思うことがある。

湯船に浸かってぼーっとしていると忘れたと思っていた

記憶の中に沈んだ嫌なことや、失敗などが汚れみたいに浮かんでくる。
あまり辛いとそのまま飛び出してしまったりもするが
じっと見つめながらまた湯船に浸かる。
それすらも流れていってしまうほど長く温まって汗を出す。
それは確かに洗濯に近い。

雨の泥道にスライディングしたシャツやパンツも
綺麗に洗ってアイロンをかけ、畳んでしまえばきちんと引き出しに収納できる。

心についた嫌な記憶や辛い思い出もシャツの汚れと同じように洗濯してしまえば良い。
忘れることができなくても
綺麗に洗濯して畳み、順番に収納しておくだけでだいぶ違う。
次に取り出した時は、
「あー、こんなんあったな～」
って思えたりするから。

ところで監督は今映画のロケで地方のホテルにいる。
電話で話していた時にふと
「お風呂に入った？」と聞いてみた。

すると
「このホテルは大浴場がある。
でも他のスタッフもいるから無理だな…」
と、若干残念そうだった。

「ウルトラマンごっこできないのか〜」と答えると
「何度も言うけどあれはウルトラマンではなくウルトラセブンなんだ」
と説明された。

私もお風呂に入るたびにそれをきれいに忘れるシステムらしい。

ミニ監督不行届 21

ちなみに監督は
風邪などの病気には感染していません。

2015.1.10

ミニ監督不行届 22

あずきバーや他のアイスを買う時も
「パルムを買う」って言う。

2021.6.24（再掲）

第十二回　ファッショニスタとは

監督が決まったものしか着ない、と言うのは何回か前の還暦不行届でも書いた。
とにかくひたすら着替えることやコーディネートが面倒らしい。
シャツ類はボタンをひとつひとつ留めるのがめんどくさい。
と言う理由でプルオーバーしか着用しない。
それほどまでに衣類にエネルギーをさきたくない人間なのだった。

なのでそんな監督が悩まないようにスティーブ・ジョブスのようにデニムに黒タートルなど
同じコーディネートをずっと続けるのもありだと思いつき
最初の頃トライしてみた。

しかしいかんせんデニムが死ぬほど似合わない。

そう、付き合い始めてまず私が気になったのは服装である。

「監督不行届」のおまけページにある当初のスタイルはひとつも誇張していない。

その頃の監督がワードローブとして毎日着ていたのはいなげやで買ったラルフローレンに寄せた「ＰＯＬＯ ＣＬＵＢ」と言うロゴの入ったエメラルドグリーンのスウェット上下だった。


あまりにもバッキバキの目が覚めるようなエメラルドなので「なぜそれを選んだのか」と聞いてみると、すぐそばにあるいなげやで９８０円だったから、という。


外で会った時は黒いカジュアルスーツのようなものを着ていたので普段もそんな感じなのかなと思っていたんだけど家に帰るとスーツを脱いですぐにそのエメラルドスウェットに着替える。

「お外用」と「おうち用」の服が明確に分かれていてとにかく家に帰ったら客がいようといまいと関係なく「おうち用」の服に必ずチェンジするのが面白かった。

結婚ビフォーアフター
結婚後
after
代官山の床屋で
定期的にカットされる髪。
きれいに整えられたヒゲ。
ワードローブは10倍に!!
（前が1着だったから）
脚も腕も長いので、
イタリアものも
お直しなしでそのまま着ている。
靴が3足になりました。
いつ床屋へ行ったのか
わからないボサボサヘア。
洗髪しないので
この形で固まっていた。
POLO CLUB
体重13kg減!!
一度着たら着っぱなしのスエット。
風呂に入らず、
寝る時もずっとこのまま。
脱いだ時は捨てる時だった。
四季を通して
素足にサンダル。
結婚前
before
132

『監督不行届』より

両親が仕立て屋をしていたこともあってそう躾《しつ》けられたのかもしれないし
監督的には「変身」していたのかもしれない。
外を歩き回った洋服で家の中にいることも普通にあった自分にとって
新鮮な感じがした。

が！
とりあえずはエメラルドスウェットがあまりに眩《まぶ》しいので
着替えることを提案した。
ここでユニクロの登場である。

当時ちょうどユニクロは彗星《すいせい》の如く現れて
世間を席巻《せっけん》していたところだった。
何もロゴマークの入っていないシンプルなものがいつでも手に入る便利さ！
すぐに黒のスウェット上下を買ってきて着てもらった。

すると驚くくらい気に入って毎日それを着だした。
そうなると今度はもうどこへ行くのもそれしか着ない。
周囲のみんなからもおしゃれになった、とほめてもらって喜んでいる。
エメラルドグリーンが黒になっただけなのに…

今までの状態が目に浮かぶようだった。

しかもお外用の服とおうち用の服が分けられているのは
お外がばっちいから着替えているのかと勘違いしていたけどそんなことは全くなくて
おうち用の服が気に入ればそれでどこまでも行こうとする上に
それで眠り、そのまま暮らしていた。

さすがの監督もエメラルドグリーンのスウェットで遠出をするのは
気が引けていたのだろう。
黒ならばなんの問題もない、みたいな顔をしてそこら辺を歩きまわっていたが
いい加減にしてもらわないと困る。

食事に行く時だけは、と説き伏せて黒いチノパンを買って
それに穿き替えてもらうことに成功した。
ちなみにそれは「監督不行届」でも描いていたようにGAPだった。そして上はユニク
ロのスウェットのままだった。
こうしておうちでは上下黒スウェット、外に出る時は下だけ黒チノという
初期型スタイルが出来上がった。

私は諦めることなく監督のファッションについて
トライアンドエラーで挑み続けた。

これも「監督不行届」に描いていたけど、監督はお腹が出ていることを除けば
手足が長くてスタイルが良いのでおしゃれをしないのは勿体無《もったいな》いと思った。
私自身は背が高いけど日本人体型で胴長短足なので
スタイルさえ良ければばしたかったコーディネートがどれほどあったかわからない。

着ようと思えばなんでも着れる監督が羨ましかった。
デニムとVネック以外はわりとなんでも似合ったのでコーディネートしがいがある。

とは言え私の好みの服装は監督にとってハードルが高い。
私は男性はいやらしいくらいのピンストライプのスーツとか
イタリアンマフィアみたいな三揃いとかを着て欲しい派なのだが
流石にそれはいつ着るの&どこ行くのだし職業柄着る機会もほとんどない。
あとボタンがたくさんついている。

もう少しカジュアルダウンしてみてはどうか。

映画に出てくるニューヨークのインテリ層とか作家風な感じで
ヘリンボーンのジャケットにニットのベスト、ニットのネクタイとか
コーデュロイのパンツ、みたいな。
もしくはハーフジップアップのニットの中にシャツ着てニットのネクタイとか。

ところがここでまたボタン問題が登場する。
シャツが嫌、
ボタン留めたくないんだからネクタイなどはもってのほか。
じゃあネクタイは諦めるからせめてシャツを、と言って
柄物のおしゃれなシャツなど提案しても嫌がって着ない。
特にチェックのシャツは「目がチカチカする」と言って嫌がる。
同じ理由でボーダーやストライプも嫌がる。
ニットなどの素材もチクチクすると嫌がって着ない。

なんかこれ友人の家の3歳児と同じ感じがするんだけど気のせいか。

あんまりNGが多いので嫌になって放っておくと
自らユニクロで買ったパーカーにリュックで中学生男子みたいな服装になる。
パーカーもしっかりした生地で体に合ったサイズならば

スタイリッシュな大人のコーデにもなるけどまず試着をして買うということをしない。結果絶対に着れるように大きめを選んでくるのでなんだか中学生感が出てしまうのだった。

最初の頃によく着ていたカジュアルスーツも吉祥寺のデパートでディスプレイされていたものを黒と茶2着買って着回しているとのことだった。ウエストが紐で縛るタイプのカジュアルなパンツだったので試着がなくても問題なかったそうだ。

そしてそのほかにはどんなスーツがあるのかな？と、こっそりクローゼットをのそいてみるとなんかワインレッドのシャアみたいなスーツが入っていたのでジークジオン！と叫んで気絶した。

やっぱり放っては置けない。

最初はユニクロからGAPへとスライドしてそこからTheoryに持っていく。ちなみにその頃Theoryで買ったサマーニットはまだ現役。「プロフェッショナル」のサムネで着ている薄いグリーンのものだ。

同じデザインの薄紫のとどちらもお気に入りでもう15年くらい着ている。

ラルフローレン（本物）は爽やかすぎてあまり似合わない

ブルックスブラザーズなども同じ理由であまり似合わない。

そもそもデニムが全く似合わないのだ。

色々な場所で試着を繰り返した結果

監督は寒色系があまり似合わず暖色系が似合うことがわかって

基本的にアースカラー、その中でも監督が好きな赤も

ワインレッドだと何やら怪しいのでブリックやブラウンに寄せた色を選ぶと基準を決めた。

ボトムは基本的に黒とベージュ、暗めのブラウンで揃えて何本かモスグリーン

トップスは夏場は基本ポロシャツで白やベージュ、黒に近いネイビー。

Tシャツも大体そのような色で時々サーモンピンクとか落ち着いたオレンジなど

明るい暖色系も入る。

冬場はほとんど全てハーフジップアップのプルオーバーニット。

（Vネックはあり得ないほど似合わないしタートルネックもなんだか嫌がって着ない）

色のバリエーションはパンツと同じ。
そうするとモスグリーンのパンツに赤みの強い茶色という人参じみた組み合わせが発生してもおかしくないけど
監督は動物の勘なのかそれだけは回避するのだった。

ＭＥＮＳの服にはそこまで詳しくないので知り合いに教えてもらったり
おすすめを聞いたりしながら何年も、それこそ十何年もかけて
ワードローブを揃えていったのだが
パンツだけはなかなか決まったブランドに出会えなかった。

大抵の既製品はお腹が入らないから
お腹のサイズに合わせてパンツを選ぶと、もうボンタンみたいなぶっといパンツになってしまう。
足が細いのでより一層ダボダボに見える。

たまにお腹のサイズがあって、さらに足も細くてシュッとしたシルエットのものがあると
嬉しくて次のシーズンも見にいくのだが、全く違った形のパンツしかなくて

ばーん
デュワッ!!
ビシ
渋谷西武
スソは…
ウン
直さなくて
大丈夫ですね
試着室
42歳
アルマーニ
すいません…
本当に
すいません
試着のたびに
各種ウルトラ
ポーズをとる
夫!!

『監督不行届』第参話より

がっかり…ということが何年も続いた。

流浪の旅に疲れた頃、知人に勧められてついにパンツだけ仕立てることにした。
銀座のこぢんまりとしたテーラーで毎回同じデザインのものを何本か
秋冬物と春夏物でそれぞれ作って、毎年へたれた分を補充するスタイルになった。

冬のニットも夏のポロシャツも毎年1〜2着補充すれば良い。
年齢的にもそれなりの仕立てで生地の良いものを着て欲しいので
少ない分だけちょっと高めのものを買うようにしている。

って気がつくと監督のクローゼットは冠婚葬祭用のを含めて仕立ての良いスーツが数着。
体に合ったサイズのスタイルよく見えるパンツがシーズンごとに5〜6本。
トップスもシーズンごとにきちんと分けられて色のバリエも揃っているという
理想的なものに仕上がっていた。

安いものは着倒したら処分、を繰り返していくうちに
良いものだけが残って、それも毎年少しずつ増やしている。
色も統一されていて、監督の好みの生地の厚みなどが決まっているため
全部が調和している。

監督が思いつくままに選んで着た薄い茶色のボッテガのポロシャツとパンツがぴったり合っていた時

思わずガッツポーズをした。

「とっても似合ってる！」と送り出した。

私も何年もかけてやり遂げた、そんな気持ちだった。

そんな素敵な監督のクローゼットを作り上げたのはいいけれど

落ち着いて見てみれば自分の方は着物にエネルギー注ぎすぎて

スウェットとかワンシーズンで着なくなるようなファスト系のものが増えていた。

お出かけは着物だからと普段着は中途半端な価格帯のものが多くなって

着物着る状況じゃない時のお出かけに困る。

あれ⁇

なんか自分のクローゼットの状況がまずくない？

監督の服装に力を入れすぎていたようだ。

少しは自分のもなんとかしなきゃ。そう思ってはみてもなかなか捗《はかど》らない。

そんなおり

エヴァの公開に伴い舞台挨拶やら何やらで監督の露出がどっと増えた。
しかし私は締切もあって全く気が回らなかったために
気がつくと監督は最初にコーディネートしたスーツとシャツで全てのイベントに
出てしまっていた。

やっぱり気を抜くとこうなってしまうのか〜!!
と後悔しても後の祭り。
悪くないけど、もう少しこういうシャツにして別のイベントの方には
こっちのスーツで出て欲しかった!!などと地団駄《じだんだ》を踏んだ。
着替えないですめばずっと同じでいい。という監督の習性を忘れかけていた。

そして仮面ライダーの撮影中の今は
やっぱり全身黒いユニクロで
それこそ遠いロケ地もスタジオもどこまでも出かけているのであった。

ミニ監督不行届23

ファッションに関して
全く役に立たないアイデアを
ぞくぞくと思いつく監督。

2014.9.14

ミニ監督不行届24

監督のTシャツのベタは
監督自身がマッキーで塗りました。
なんか白い点々が残っているのが特徴です。

2015.5.9

第十三回　旅の思い出

2022年の3月で結婚して20年を迎える。
いまだに私たちが夫婦だと知って驚いている人が
いらっしゃるのを散見するけど
まさかこんなに長く一緒にいると思わなかったので自分たちでも驚いている。

本当なら20周年記念でどこか旅行にでも行きたいところだが
このご時世では難しい。
大人しく家で過ごすことになりそうだ。

思えばこの20年いろんな場所へ旅行した。
私は忘れん坊なので全部は思い出せないが、今パッと思い出せるものについて書いてみようと思う。

最初の旅行。
まだはっきり交際してるのかどうかわからないようなころ
私がハワイに行くので監督に付き合ってもらった。

ただ単に買い物がしたかっただけなのだが友人の都合がつかなくなったので
ダメもとで一緒にいかないか、と誘ってみたのだ。

ハワイみたいな場所には興味がなさそうだったので
断られるかな、と思っていたのだけど行くという。
正直ちょっと驚いた。自分で誘っておいて
え、行くんだ。
みたいな気持ちになった。だって監督ハワイのイメージ無いし。
落ち着いて考えてみたら自分の買い物に付き合わすわけにもいかないし
向こうで何すりゃいいんだろう？

ホテルのテラスでビール飲んでるとこしか思い浮かばない。

果たして現地に着いてみるとどうしても行きたい場所があると言い出した。
戦艦ミズーリである。

ずっと買い物ばかりもつまらないので付いて行く事にする、と伝えると若干迷惑そうな顔をしている。
それでもあまり気にせず一緒に真珠湾に向かった。

戦争体験者のおじいさんが案内してれるツアーは結構な人気だった。
30人くらいのグループで歩くのだが、その間中ずっと写真を撮っている。
みんながガイドさんの説明を聞きいったり驚いたりしている間中も一言も発することなくただ自分の行きたい場所にどんどん移動して文字通り死ぬほど写真を撮りまくっている。

その間もちろん私は完全に放置されていた。

なんのことはない、監督の目的はミズーリの資料写真を手に入れることだったのだ。

そのほかには遊園地やハナウマベイなどでシュノーケリングをしたけどお互いやりたいことや行きたい場所が違いすぎて噛み合わない。

疲れ果てて東京に戻ったときには
無言で別れたのを覚えている。
成田離婚する人たちってこういう感じなのかな、と思った。

そこからどうやって復縁したのかは忘れてしまった。

その次に思い出すのは「監督不行届」でも描いたオーストラリア旅行だ。
私は独身の頃思い立って1人で海外旅行することがあったのだけど
エアーズロックが好きでよく行っていた。
日本だと見ることがないような景色が面白くて、行くと頭の疲れが
スコーンと抜ける。
同じ理由でグランドキャニオンもよく行っていた。

それを監督にも見て欲しい、と結婚して割とすぐ一緒に行ったのだが
エアーズロックに対しては「まあまあだな」と、なぜか上から目線だった。
監督は巨大建造物とかの方が好きで、自然の巨大な景色にはそこまで惹かれないのかも

しれない。
この旅行では監督が日焼けしすぎて死にかけたのだがそれは漫画にも描いたので皆さんご存知のことと思う。

あとは旅行のドタキャンも忘れられない。

義母と叔母を連れてのハワイ旅行に監督と４人で行く予定だった。
義母の世代はハワイへの思い入れや憧れが強く、前から家族で行こうと計画はしていたのだが
そんな折義父が入院してしまって結局行けずじまいだったのだ。
三周忌も過ぎたので叔母に付き合ってもらって行く事になった。
「ハワイ♡ハワイ♡」と、すごく楽しみにしている義母&叔母。
私にしてみると義母と叔母と一緒と言うのはもう完全に嫁仕事なので若干しんどかったが、
それでも嬉しそうなお二人を見ると

まあいっか。

『監督不行届』第拾八話より

いつも義母の世話をかって出てくれる優しい叔母も一緒だし、いざとなれば監督がいる。

義母も監督の言うことは聞くから心配ないか……！

と、楽観的な気持ちでいた。


するとどうだろう。

監督が直前になってどうしても仕事の都合がつかず行けないと言い出した。


ええ〜！！！！


軽くパニックである。

アニメや映画というのはスケジュール通りというわけにはなかなかいかなくて自分1人の都合だけで休めないのも仕事の性質上仕方ない。

ただ、キャンセルするにしても全員分となると直前すぎてお金もかかるし何よりあんなに楽しみにしていた年寄りたちが可哀想。

義母は足腰を悪くしていたのでキャンセルすると次行けるかどうかわからない。

色々と悩んだ末にハラを決めて私1人で義母と叔母を連れて3人で旅立った。

この旅行はマジでやばかった。そもそも個人旅行なので
往復のチケットとホテルしかとってない。
到着すると同時にツアコンと化して朝から晩までコンシェルジュとやりとりしていたの
を思い出す。

海でのアクティビティや火山を見に行くなどの動きのあるツアーは無理なので
フラダンスを見たりファイアーショーなどを手配したのだが
ファイアーショーを見終わったあたりで義母のご機嫌が悪い。
幼稚園児のようなしかめっ面で
黙りこくったまま一言も発しないので心配してどうしたのか聞くと
「怖かった」
と言う。
こんな怖いものを見せるとは何事か、ということでお怒りのご様子である。
うるせえ知るか。

すごいめんどくさいので、すぐにネイルサロンの予約を入れ
受付のおねーさんにものすごい可愛い爪にしてくれとオーダーしてやった。

すると2時間後ニッコニコで現れた。ちょろいもんである。

しかし全日このような調子なので、やっととった休みもフルスロットルである。
夜のうちにコンシェルジュと相談して時間を調整して仮予約してもらい
朝食で今日はこんなところに行こうと思うけどどうですか？と聞けば
「いや。疲れそう」「怖い」
などの理由でNGが出る。
いや、サンセットクルーズってそんなアクティブじゃないのよ？
パラグライダー乗ったりしないのよ？
みたいな説明を小一時間して了承をもらう。

ヒイヒイいいながら毎日キャンセルと予約を繰り返してやっと最後の日になった。

夜はワイキキの古めのホテルの上の階にあるバーラウンジを予約してあった。
宿泊していたホテルのコンシェルジュの一押しだっただけに大変眺めが良く
席も特等席だったために正面に見えるダイヤモンドヘッドが夕陽を浴びて輝いていた。
美しい夕暮れの空に私も目を奪われていたが、ふと横を見ると義母と叔母が涙を流していた。

こんないいところに連れてきてくれてありがとう、と2人とも泣いている。

夕食の間中繰り返し繰り返し楽しかった、ありがとう、本当にいい思い出になったと感謝してくれて毎日大変だったけどいっぺんに疲れが吹き飛んだのを覚えている。

私自身もなんだかんだで楽しかったし最後の最後で自分も感動して泣いた。

だが家に帰ってから監督にかなり文句を言ったのも覚えている。嬉しかったのと大変だったのは別の話である。

海外旅行で言うと
作曲家の鷺巣詩郎《さぎすしろう》さんご夫妻とお正月を過ごすことが何年か続いていた時期があって毎年のようにフランスやイタリア、ドイツなどで年を越していた。
監督はイタリアの方が食べられるものがたくさんあるので
イタリアにもよく行った。
ローマで大晦日《おおみそか》を迎えたりベルリンで元旦を迎えた年もあった。海外での大晦日はいつも決まって華やかなパーティーだったのでどれも大変楽しい思い出だ。

しかしヨーロッパでのお正月はえらく寒い。

ある年、デンマークのチボリ公園の中のホテル「N·imb」に泊まってから

パリに移動するという予定で動いていたのだが

成田からのデンマーク便がその日が最後のフライトというビンテージ（ボロ）飛行機だった。

古い機体だからやはり隙間風が入るの？と思うほどとにかく寒い。

毛布を頼むと夏休みのお昼寝か！と突っ込みたくなるようなうっすいガーゼのケットだ。

もう1枚欲しいと言うと1人1枚しか無いと断られたのでコートを着たまま

凍えながら眠った。

コペンハーゲンに到着した頃にはすっかり風邪をひいていた。

2泊してパリに移動したときには更に悪化して熱が出ていた。

パリではホテルコストに滞在した。

私はジャック・ガルシアが大好きなのでここはパリでの定宿

大大大好きなホテルである。

鼻下長紳士回顧録のイメージのもとにもなっている。

しかしながら病気の治療に向いている宿ではない。
一階のラウンジでは毎晩のようにパーティーしていて騒がしい。

どんどん悪くなる私だったがお正月で病院は休みだし
薬局も日本と違い処方箋がないと解熱剤のようなものも買えない。
ウエルカムフルーツとして最初から部屋に大量にあったイチゴを毎日少しずつ食べて
なんとか生きながらえていた。
監督も心配してせっせと看病をして頭に載せるタオルを替えてくれたりしていたが
あるとき、何か元気になるものを買ってくる！と言って出かけて行った。

そしてほっぺを赤くして帰ってくると
大きな包みを渡された。
中身はハムとチーズの挟まった
ハードフランスパンのサンドイッチであった。

すごい美味しそう。

でももう何日もいちごしか食べてないし熱まだあるし
なんでこんな固い食べ物。切る時ガリガリ音がするようなやつじゃん。

朦朧《もうろう》としながらそんなことを思ったのを覚えている。
逆にもうそれぐらいしか覚えていない。

お休みのフランス人医師に無理言って診察してもらい
処方された薬飲んだら症状が悪化したりしながらも
結局日本人医師のいるアメリカ人向け病院を鷺巣さんに見つけてもらって
ことなきを得た。

飛行機で風邪ひいて免疫が弱っているところに
空港で溶連菌《ようれんきん》に感染してしまったようだった。
医師からは子供がかかるようなやつですよ、とこともなげに言われたが
自分としては死にかけた気持ちだった。

特にフランス人医師から症状を尋ねられたときに
英語で正確に自分の状態を伝えられなかったことが致命的だったので
日本に帰ってから英会話を習ったりした。

監督との旅の思い出をたくさん書こうと思っていたのに
なんだか自分のことばかりになってしまった。

旅先ではホテルとのやりとりやお店での会話も
大体私が担当で監督は存在感が薄いせいかもしれない。
乗り物選びについてのみ強く主張してくるけど
それ以外はふわふわと漂っているのが監督なのだ。

ミニ監督不行届25

「そろそろ行くか」と、歩き出したので出口へ向かっていると信じてついて行きましたが、トイレに到着。

2014.8.7

ホテルのエレベーターでも自信満々に違うフロアに到着。あるはずの無いフロントを探して階段の裏を覗きこんでいました。
そんな狭いところにフロント無いから。

2014.8.7

ミニ監督不行届26

脳内年齢が更新されない。

2015.7.19

第十四回

監督の手料理

好き嫌いについてはいろいろと書いてきたけれど
監督がお料理をすることについてはまだ書いたことがないような気がする。

そもそも出会った頃は家にヤカンすら置いていなかった。
マグカップ、コップといったものも見当たらない。

家でお湯を沸かしてお茶やコーヒーを淹れるといったことを
まるでやらない。
喉が渇いたらコンビニに行って冷えたジュースを買い
お水を飲むときは蛇口の下に顔を突っ込んで
流れてくる水道水を直接飲んでいた。

食器などを買わない家にもワンカップ日本酒の空きコップくらい
ひとつふたつ転がっていたりするものだがそれすらない。

食器どころか台所にはガス台も置いていなかった。
当然ながら冷蔵庫や電子レンジといった
生活家電の類《たぐい》ももちろん無い。

最初に家に行ったときはその汚さもさることながら
生活道具類の無さに驚き、なんなら感動すら覚えた。
こんなになにも無くてどうやって生きてきたんだろう？

一緒に過ごすようになって気がついたのは
監督はお湯がなければ水で過ごし
水もなければ渇きを我慢する人間だと言うことだった。
なければ取りに行くのではなくて
我慢する方を選ぶ。

しかもその「我慢」もあまり苦痛と思っていなくて
無きゃ無いで別に…と涼しい顔をしている。

食べ物に対する執着が薄い。

どこに隠しても一瞬でミカンを見つける1歳児と呼ばれた私とはあまりにも対照的だった。


そんな監督のお料理体験については結婚してすぐの頃に聞いてみたことがある。

男子はあまり厨房に入らなかった世代なので
ほとんど料理らしいことはしたことがなく、中学生になって初めて作ったのは卵焼きだったという。

いや、正確には「作ろうとした」かもしれない。

当時すでにベジタリアンだった監督にとって卵は貴重なタンパク源だ。

育ち盛りで体が求めていたのだろう。

新しいことは相当な理由がないと手を出さない監督が
料理したと言うのだからよっぽど卵焼きを食べたかったんだと思う。

親の留守中に卵を焼いてボヤを出し消防車が出動したと言う。

その話を聞いて私は倒れそうになった。
エピソードがいちいち面白すぎる。
しかも本人は面白い話とかすべらない話的な持ちネタだと思っておらず
なんかちょっと悲しかった話として心にしまっていた（それなのに大笑いしてごめん）。

卵焼きでどうやったらボヤが出るのかわからないが
とにかくそれが恐怖心を植え付けてしまったようで
それ以降は二度と厨房に立つことがないまま大学生になった。

親元を離れての初めての一人暮らし。
さすがの監督でもまだ若い頃は新しいことにトライする気力があったのか
今までやったことがないことにチャレンジした。
ここでもやはり定番のカレーを調理。

なんとか無事作れたようではあるが、一食食べた後にそのまま放置してひと月。
鍋が大変なことになったと言う。

どう大変なことになったのか詳細を聞いたのだが
繰り返し「大変なことになっていた」としか言わないのでよくわからなかった。
おそらく大変なことになったのだろう。

それ以来監督は料理をするのを完全にやめてしまった。
つまり人生で調理したのは中学生の時の卵焼きと
大学時代のカレーライス（肉なし）の2つのみ。

結婚してからももちろん長いこと台所に立つ、ということがなかった。
冷蔵庫に用意しておいた作り置きを温めて食べることすらしなかった。
お湯すら沸かさないのだから当然である。

しかしある時転換期が訪れた。
私が締切などで料理ができないときの非常食に監督の大好きな
インドカレーのレトルトを買っておいたのだ。
パラクパニールと言うほうれん草とチーズだけのカレーで

これさえ与えておけば万事オッケー、と言うくらいの大好物である。

最初こそ私が温めてご飯にかけて出していたけど忙しい日が続いてだんだん面倒になってきたのでお鍋にお湯を沸かしてその中に入れればいいだけであることを説明し、自分でやるよう促した。

するとあれだけ面倒くさがり屋の監督がカレー食べたさにせっせとレトルトを温めてくれるようになった。

この時に監督は大好物と紐づけると割とやると気がついた。

そういえば卵焼きもカレーも監督の大好物だったではないか。好きなもの食べたさなら少しだけ努力をするのだ。それが失敗に終わったためにやらなくなっただけで成功すれば何度でもやるようになる。

なんだろう。この話は何かの動物実験の記録なのかな。

とりあえず好物なら頑張れることを確信した私は
大好物の豆腐餃子を包む作業も監督にお願いするようになった。
具材と皮はもちろん用意するのだが、イベントみたいな感じで仲間にきてもらってみんなで包んでその後餃子パーティーをしたり
「頑張って包むとその後美味しい豆腐餃子を食べられるよ」
というのをセットにしたのだ。

するとどうだろう。

スルッと包むようになった。しかも作業が丁寧なので売り物のように美しい餃子が仕上がっていく。

さすがねんどコンクール入賞者だけある！と褒め倒してどんどん包ませることに成功した。


ここまでくると後一息である。

もう自分で餃子を焼いてみたらどうか、と勧めていく。

しかし焼き餃子は油を使うため案外技術が必要である。

ボヤを出したことのある監督には若干敷居が高かったようだ。

なのでハードルを下げて水餃子にしてみた。
そうやって少しずつ厨房に立つようになっていった。

この頃ちょうどコロナが流行り始めていたこともあり
毎日３食用意することが苦痛であるとＴｗｉｔｔｅｒなどで呟く人が多発していたが
うちも御多分に洩れずそのような状況になった。

普段はお互い夜に会食が入る事も多く、家で一緒に夕食をとるのは
週の半分ほどであったし一日２食なのだが、それでも朝晩ずっと１人で作るのはしんどい。

ご飯は炊いてあるので作り置きおかずを何種類か用意し
味噌汁さえなんとかすればいい、という状態にしておいて
ある日監督に味噌汁作って、と頼んでみた。

するとダシがよくわからないから難しいという返事が返ってきた。
いやいや、ダシなんていつも使ってるこの昆布や椎茸《しいたけ》を粉末にしたものを入れたらいいだけで
簡単だからと説明するのだが具材をどれだけ煮ていいのかわからないから、と
またわからなさを武器に回避しようとしてくる。

それならば、とお麩《ふ》とワカメが入った乾燥味噌汁の具と言うのを買ってきて、とにかくお湯を沸かしてこれを入れ
お味噌をといたらそれでも味噌汁だって土井先生が言ってたよ（意訳）
と説明し、その作業を「かんたん味噌汁」と名づけた。
とにかく監督が苦手だと思う作業は全部やらなくていい。
なんならお湯に味噌溶いただけでもいい、と言って毎日味噌汁の係をしてもらうことになった。

「お味噌の量が絶妙で美味しい」
「監督は本当に味付けのセンスがいい」と毎日褒め称えていたところ
楽しくなってきたのか少しずつ自分なりに出汁を研究し始めて
いろいろ入れるようになっていった。

ある日大変に美味しいお味噌汁が出てきたので感動して
「これ！　本当に美味しい！（最初のうちはそんなに美味しくなかったことを自白）」

と言って褒めた。

明らかに私の作ったものより美味しかったのだ。

「どんな出汁を入れたらこんなに美味しいお味噌汁作れるの？」

と尋ねたところ
「秀明ブレンドである」とのお答えで詳しくは企業秘密だということだった。
とはいえしつこく聞いたら教えてくれたのだが
白だしとか昆布だしとかとにかく多種類のダシや塩、
果ては醤油までほんのちょっぴり足していて
とても覚えきれない。

塩分が気になるところではあるが
なんにせよ作ってくれるなら文句は言うまい。

こうして監督に味噌汁マスターになってもらうことに成功した私は
あとは汁物のバリエーションを増やしていけばいいだけだ!と調子づいて
同じ手法を使って監督のもう一つの大好物
水餃子も1人で作ってもらえるように持っていった。
最近は美味しいプロの店で豆腐餃子を購入しているので
いつもストックが冷凍庫にある。

鶏ガラスープの素を入れて、さらに秘伝の秀明ブレンドの何かを入れたスープで餃子を茹でるだけなので簡単と言えば簡単なのだが

先日ついに、私が夢中で仕事をしている間に気がついたら料理が出来上がっている、と言う体験をしてしまった。

テーブルに魔法みたいに水餃子スープが用意されていたのだ。
お箸やレンゲは出ていない。
作るのに一生懸命で、スープのボウルをテーブルに置くだけで手一杯だったのだ。

得意満面な監督を見てるうちにこの20年の苦労が解けて流れ出すようなそんな温かい気持ちになった。

しかしその成功に気を良くしてか最近「そばを打つ」とか「ピザを焼く」とか言い出したのでよくいる趣味の料理おじさんみたいに蕎麦打ち場とかピザ窯が欲しいと言い出すのではないかと怯えている。

ミニ監督不行届27

昨日の国際映画祭の控え室で用意して貰った菜食弁当がたいそう美味しかったと言う話をして最後にひと言。

2014.8.27

ミニ監督不行届28

お湯をプレゼントされました。

2015.3.26

第十五回　運貯金

少し前にコロナに感染した。
気をつけていたつもりだったが長期にわたる緊張の糸が切れて
色々と緩んでいたのだろう。

どこで感染したのかもわからない。
なんだかくしゃみが出るし体調が良くないかな？
と思っているうちに熱が出始めてあっという間に高熱になった。
すぐに発熱外来に行って無事陽性の判定をもらい
熱冷ましや抗生物質などを処方され、自宅療養が始まった。
40度近い熱は貼るタイプの熱冷ましでは間に合わず

保冷剤（後ハッピーマニアでも描いた『ひやしんす』と言う銘柄）を手ぬぐいでくるみ、鉢巻のように巻いて冷やした。

脱水にならないようゼリー状の経口補水液で常に水分を補給するようにし夏に買った麦茶のペットボトルが箱ごと残っていたのでこれもどんどん飲んだ。

ダイニングテーブルには監督が買ってくれた各種ゼリー飲料がそれこそ山のように積まれている。

なくなる心配はまずない。

…ここまで読まれた方は私が感染したなら監督も感染したのではとご心配されるかもしれない。
もしくは看病してる様子がないことを不思議に思われるかもしれない。

しかしご心配には及ばない。
監督はほんの少し前から不在だったのだ。

もうびっくりするほど運が良いというか
何かに守られているのではないかと思わずにいられないのだが
3週間弱家を留守にすることになっていた。

全くの偶然とはいえ
看病も感染のリスクもあらかじめ図っておいたかのように
綺麗に回避しているではないか。

そのタイミングでコロナに罹《かか》った私自身は運がいいのか悪いのか。

もしも監督が感染したら映画制作の現場にどれほどの迷惑をかけるかしれない。
それを思うと私由来で感染させなくて本当にホッとしたので
一応運が良かった、と思うことにした。

それに一緒に寝込んだ場合療養しながら看護せねばならず
そっちの方が辛そうだと思った。
自分だけならお湯を沸かすのも洗濯も
1人分で済むので楽だ。

2〜3日で熱は下がり、今度は喉の激痛に襲われた。
何かを飲み込むたびにクックロビン音頭を踊るくらい痛い。
その次は咳が止まらなくなったが、これは漢方薬や龍角散ダイレクトでだいぶカバーできた。

それが治ったと思うと次はひどい頭痛に悩まされた。
ネット記事やSNSで見た通りの順番で現れる症状と闘いながら
サリーちゃんにご飯をあげ、洗濯して眠るを繰り返していた。

食事が取れるようになると
スタッフと近所の友人がスープやお粥《かゆ》などを差し入れてくれたので
それらに助けられて順当に回復していった。

回復後も後遺症に悩まされたりして何度か寝付いたりしたが
やっと健康な状態に戻った。
とほぼ同時に監督が帰ってきた。

連日晴天続きの中の撮影で
黒く日焼けをした監督の元気そうな顔を見て思わずつぶやいた。
「あなたって本当に運がいいよね」
本当に運がいい。今回のコロナだけではない。
撮影しに行って晴れなかったことはない。
曇り空が欲しいこともあるだろうけど
野外ロケにつきもののお天気が思い通りにならなくて困った、
というような話を聞いたことがない。
他のことでも運がいい気がする、と続けて私が言うと
意外である、というような顔をして
「うーん…そうかな。まあ、映画に関しては運がいいかもしれないね」
と、なんだか歯切れの悪い返事が返ってきた。

そうかな？　映画だけってことはないでしょう。
などと食い下がろうとしてハッと思い出した。
監督はトイレに入ろうとすると必ずと言っていいほどに宅配便が来るのだ。

よくそう言うことがあるね、と言うレベルではなくて
なんかもう毎日じゃん！みたいな感じで
トイレに入ろうとしたり、入ってすぐくらいのタイミングで
チャイムが鳴る。

しかもなぜかいつも私がメイクの途中で眉毛が片っぽだったり
二日酔いでベッドから垂れ下がっていたり、
はたまたお風呂に入ってたりして
絶対に出られない状態なのだ。

代引きや冷凍以外は宅配ボックスに入れておいて貰えばいいのだが
律儀なので一応インターホンまでは対応するのである。
ピンポーン
とチャイムが鳴ると同時に

「あー！　もう、そうじゃないかな～って思ってた」
と、入ったばかりのトイレのドアをバーンとあけて監督が出てくるのは
何回見ても面白い。

映画の神様に愛されている分だけトイレの神様か宅配便の神様からの愛を
割り引かれているのかもしれない。
言われてみれば他にもしょーもないところで運が良くない時がある。

下調べもして遠くからわざわざ行ったお店が臨時休業していたり
潰れていたりと言ったことも、ままある。

あとはスーパーなどで監督が気に入って買っていた食品が
割と高頻度で置かれなくなったり
メーカーが生産を中止したりも、結構あるような気がする……
スーパーで思い出したけどレジで監督が並ぶ列は必ずと言っていいほど
他の列より進みが遅い。なんでかはわからない。

本人はちゃんと早そうなところを選んで並んでいる、というのだが
クレームを付け出すおっさんがいたり
レシートの確認をしだすおばさんがいたりして遅くなってしまうのだ。

1人の人間の運の絶対量というのは大差がないと思っているので
監督の場合はそういう細々とした生活の中で運を差っ引かれて
大きなところでドーンと使っているのではないか、と私は考えている。

でも仕事方面で運を使っているなら
私生活では微妙なことが多くても仕方ない。

これは私たち2人に共通している考えで
昔からほとんど宝くじを買ったことがない。
知り合う前から元々お互いそうだった。
運をそんなもんで消費したくないから、と言うのがその理由だ。

一生懸命作品を作っても全てがヒットするわけではない。

いつも作品には全力を注ぐし面白くするために奮励《ふんれい》努力するけれど
作った本人ができることは作品のクオリティを上げることと
その後の地道な宣伝活動くらいなものだ。

もちろん文句なしに面白ければヒットする可能性は高いが
それが大ヒットになるか化け物級のメガヒットになるか、
と言うレベルになるとやっぱり運も関係してくる。

作品が当たる時というのはその時の社会の空気とか流行の影響も大きいので
作品の力だけではどうにもならない部分もあるのだ。

助けてくれる周りの人や見えないところで押し上げてくれる人の
力も含めて運の部分も無視できない。

専門チームが色々分析して緻密に計画を立て、宣伝に力を入れても
動かない時は動かないし
何もしなかったのにフワーと浮かび上がってどんどん上昇してしまう時もある。
そういう時は見えない力が働いたかのように奇跡みたいな動き方をしたりする。

だからなんとなくいつも
そういうところに運を使いたいな、と思っているのだ。

思ったからといって実際思い通りになるかどうかは別として。

トイレに入ると宅配便が来てしまう他にも運が悪いと思うことある？
と、監督に聞いてみると
「それぐらいかなあ。あとは覚えてない。
あったとしても嫌だから忘れちゃう」

と言っていた。
え…他にもたくさんあるじゃん…!!

と、耳を疑った。忘れとんのかい。

レジに並んでそこが遅かったら自分の前に並んでいる3～4人の顔を一人一人思い出し、何を買っていたかなどを思い出していつまでも理由を分析している私とは違う次元で生きている。羨ましい。

全部忘れることができるなんて結局監督は運がいいんだな、と納得した。

ミ ニ 監 督 不 行 届 2 9

トロントで私がイベントに参加している間、独りで地図を調べて鉄道模型のお店へ歩いて行った監督。
大冒険ですね！と皆が見守る中、往復2時間かけて戻った彼から悲しいお知らせが。

2014.5.29

ミ ニ 監 督 不 行 届 3 0

先日監督が手をすべらせてiPhoneを落とし、その上を何も知らない車が通り過ぎました。

拾おうとして
「あああ！」
となった時にパキン！と音がして走り去る車。

2014.9.3

確かにリズム感のある事故でしたが壊れたiPhoneを見て慌てる私を尻目に、大喜びしている監督。

落とす、拾おうとする、轢かれる、車が去る、のタイミングが完璧だったと言う事でした。そいつぁ一良かった。

2014.9.3

第十六回

言い間違い

監督がネルシャツのことを寝る時用のシャツだと思っていたことは第1回で書いたのでみなさまご存知だと思う。

実は監督はこういった類の思い違いだけでなく、うろ覚えとか間違えて覚えていることが尋常でなく多い。

本人曰く
脳の容量を仕事に使用しているので人名や場所、固有名詞にメモリーを使えないということだった。

だからと言って日常でほぼ毎日使う
シャンプーのことを「髪を洗う洗剤」と言うのはどうなのか。

記憶喪失の人でも日常に使うものは覚えているというが
それよりももっと重篤な状態であるということだろうか。

擬音などでも間違えることが多い。

女優さんのスタイルを表現するにあたって
キュッボンボン、
と言い出したことがあった。

それだと胸がなくてハラとお尻が大きい人、ということになるけど
大丈夫かと聞いてみると慌てて

キュッキュッボンだった！

と言いなおしていた。
どっちもあかん。
ちなみにもちろんその女優さんのスタイルは抜群なので
ボンキュッボンと言いたかったらしい。

『監督不行届』第拾九話より

美容室でトリートメントをしてもらい髪がサラツヤの状態で
家に着いたところ
「わあ、髪の毛がテカテカしてる！」
とほめてくれたこともある。

表情や状況から考えるとほめてくれているのは間違いない。

でも髪の毛がテカテカしてるのは困る。
やんわりと「美容室帰りでテカってたら困るよ〜」と言ってみた。

しかし案の定伝わっていなかったようで
その後もことあるごとに褒め言葉としてテカテカを使用してくる。
それは油ぎってる時とかハゲ頭の表現に使う擬音であると伝えた。

その流れでヒアリングしてみるとやっぱりというか
わかってたけどツヤツヤ、と言いたかったようだった。

日本社会においてそういった言い間違えなどはあまり訂正するものではない、
ということになっている。

失礼に当たるからだ。

しかし家族となると話は別である。

ここで言わなきゃ誰が言う、という思いからつい指摘してしまう。

自分自身も言い回しや固有名詞を間違えることが多いので、偉そうに人のことを言えた義理じゃないし

大抵はきちんと注意すると言うより笑ってしまうことの方が多いのだが。

そんな中で一つだけ許せなかった案件がある。

それは「ＳＨＥＲＬＯＣＫ」や「ドクター・ストレンジ」などで有名なイギリスの超人気俳優ベネディクト・カンバーバッチの名前だ。

確かに日本人からすると馴染みやすい名前ではない。

カンバーバッチ、なんて名字このひとで初めて知った。

イギリスでも割と珍しい名字なのだろうか。

それはともかく覚えにくいのはわかる。
それはわかる。

しかしである。
何回教えても毎回必ず「ベネディクト・カウパーパッチ」
と言ってしまう。

ベネディクトもバッチも覚えててなんでカウパーにしてしまうのか。
バーをパーにしたおかげでバッチもパッチに変換されてるし。

理由は一つしかない。

このお名前が監督の脳裏に強く刻まれており
思い出せないぼんやりした部分に当てはまる言葉を「なんだっけ…アレ」と
捜すと脳内ですぐにパッと取り出せる場所にあるのだ。

カウパー氏が。

もうそれもいいよ！　きっと思春期に刻み込まれたんだろうよ。

カウパー氏が。

でもそれをカンバーバッチの話をするたびに必ず言うのはやめていただきたい。

日本にも相当数のファンがいるしなんなら私もその1人だ。
そんなファンの女性たちがその言い間違いを知ったらきっと怒ると思う。

彼のことを話すたびにちらりと思い浮かべてしまうではないですか。
カウパー氏を。

他のことならともかくシモ方面の話である。
カウパーパッチて…カウパー氏腺液が出ないように貼っておく絆創膏《ばんそうこう》みたい。
こう言ったアホ系の心に残る言い間違いは脳裏に焼き付いて
一生消えないのだ。

一番最初の時には大笑いしたけど2回目3回目からは失笑となり
最終的にはマジ切れした。

しかもこうして私がネタにしたことによって

何人かのカンバーバッチファンの皆様にも巻き添えを食らわせてしまった。

きっとこれからずっとカンバーバッチ見るたびこの話を思い出すに違いない。

ほんとすんません。

どうも監督自身は言い間違いやうろ覚えをそれほど悪いと思っておらず

なかなか直そうとする様子がないので

恥を忍んでこの話を公開させていただいた。

思い知るがいい。

ミニ監督不行届 31

お察しの通り個室露天のことなんですよ。
ええ。

2016.9.4

ミニ監督不行届 32

普通間違えない。

2021.6.10（再掲）

シン 監督不行届

安野モヨコ

指に付いたバターを拭き取りたかったそうです。

（「EVANGELION STORE オンライン」にて 2021.3.12 掲載）

常にことわる姿勢

大量のアイスを抱えて歩き出すとは思わないよね。

(「EVANGELION STORE オンライン」にて 2021.4.9 掲載)

遅刻の正当な理由

もしかして私が間違えてる? 義務なの?

(「EVANGELION STORE オンライン」にて 2021.5.2 掲載)

おしょうゆを差す男

日本酒が入っていたのは片口で、
お醤油さしとはシルエットも素材も何もかも違うのです。

(「EVANGELION STORE オンライン」にて 2021.6.11 掲載)

やきとりチャレンジ

コロナで焼き鳥仲間との定期会合が出来なくなって久しい…と嘆いていたら提案してくれました。お気持ちだけ受け取っておきます。

（「EVANGELION STORE オンライン」にて 2021.6.11 掲載）

灼熱のＳ　Ａ《サービスエリア》にて

子門真人さんの唄声は太陽光線より強い…

（「EVANGELION STORE オンライン」にて 2021.8.13 掲載）

予知能力

預言者か。

(「EVANGELION STORE オンライン」にて 2022.2.4 掲載)

多分ですけど…
物好き、って言おうとしてます。

(「EVANGELION STORE オンライン」にて
2021.9.10 掲載)

現場から届く写真が今のところ全部コレ系統。

(「EVANGELION STORE オンライン」にて 2021.10.22 掲載)

庵野監督
インタビュー

彼女の漫画には客観的で知的なおもしろさがある

――前作『監督不行届』に収録されている庵野さんのインタビュー「庵野監督カントクくんを語る」では、「衆目に己の姿をさらされるというのは、マンガ家を嫁にもらった者の宿命」という一節があります。宿命とおっしゃる通り、前作から18年、安野モヨコさんはイラストや文章などで庵野さんの日常を描き続けています。

庵野 ありがたいことですね。

――『監督不行届』に引き続き、庵野さんの言い間違いや仕草がコミカルに描かれている『還暦不行届』。その文章やイラストを見ると、モヨコさんは庵野さんのちょっとした言動をよく覚えていらっしゃるな、と驚きます。その場でメモなどをとられているのでしょうか？

庵野 妻がメモをとっているのはあまり見ないですね。取材のときはメモをとっていますが、日常会話でそうしているのを見たことないです。妻は記憶力がいいんですよ。僕のほうが忘れっぽいのでよくその場で紙やｉＰｈｏｎｅとかにメモをしています。

――庵野さんとしては『還暦不行届』で、「こんな場面を覚えていたのか」と驚いた箇所はありますか？

庵野　いやぁ、そういうことはないですね。何かおもしろいことがあると、妻が「あ、これネタにしていい？」と聞いたりするんですよ。だから後で描くんだろうな、とわかります。一緒に暮らしている中で、僕がボケたり、アホなことをしたりする中で、よりおもしろい部分を拾っている感じです。あと、妻は観察力や洞察力にも優れているから、即座におもしろさや事象の本質を見抜けるんですよね。

――エッセイの題材の選び方が秀逸なのは、本質を摑む力があるからなんですね。

庵野　その上、人に伝えるのがうまいんです。自分にまつわる漫画や文章を見ると、「このネタをこういうふうにおもしろくできるのか」という驚きがあります。何気ない出来事を、毎回ちゃんとおもしろおかしく伝えられるのは表現の才能があるからだと思います。

彼女は常に客観的に物事を見ているんですよね。エッセイ漫画って、例えば夫婦の日常を描く作品だと、「私たち、こんなにラブラブです」といった主張が出てしまうなど、客観性が低いものも多いんです。そんな中、『監督不行届』はエッセイ漫画として異質なくらい客観的だと思います。

――自分を題材にしながら客観性を保つのは難しいことですよね。

庵野　とても難しいことです。自分のこと、夫のこと、ひいては我々を取り巻く環境そのものを俯瞰で見て、それをおもしろく描くのは至難の業《わざ》です。しかも、自分から見ておもしろいだけでなく、一般読者が読んでおもしろいと感じるように描ける。そこがすごいと思います。「自分はこれがおもしろいんだから、他の人もおもしろいと思え」という作品じゃないんですよ。

世の中には、「自分はこんなにすごい」という作者自身の自信に満ちている作品もあり、それを望む読者もいるんですけど、彼女の漫画はそうではない。客観的で知的なおもしろさなんですよね。そこを読み解いてもらえたら、と思います。

テリトリーを守って、出しゃばらず、黙って見守る

――庵野さんのことをモヨコさんが描かれた絵や文章を見返すことはありますか？

庵野　妻の漫画は好きなのでよく読み返すんですけど、自分のことが描いてあるものはそんなに読み返しません。やっぱり少し恥ずかしいですね。

――モヨコさんがインタビューで「(庵野さんと) 食卓でよく話をする」といったことをおっしゃっていました。お２人は家でどのような話をされているのでしょうか。

庵野　食卓で食事中もそうですし、今は仕事中に話すこともあります。新型コロナウイルスの感染が拡大してから、僕が家でも仕事をするようになったんです。家では、食卓で隣か向かいに座ってそれぞれの仕事を進めます。妻はネームをやっている時は集中するので喋りませんし、僕も脚本を書いている時は他に意識を向けることができません。ただ、そ

れ以外の仕事をしている時は、会話をしますね。時事ニュースに関する話題が多いですね。最近だと、ウクライナ侵攻の話題とか。僕らが話したからって何が変わるわけでもないんですけど。

——お互いの仕事に関するお話などもされるのでしょうか。

庵野　自分の仕事について、話したいことがある時だけですね。お互い、相手が言ってこない限り、干渉はしません。例えば、僕が妻のネームを覗き込んで「ここはこうしたほうがいい」と言うことはないですよ。

妻から相談されて初めて、妻の仕事の内容を確認して、僕が思っていることを言います。僕も、脚本の台詞回しが思いつかない時などに、「これはどう言ったらいいと思う？」と聞くことがあります。そうすると、妻は自分の意見を言ってくれる。表現の部分から会社の経営まで、お互いの仕事に関してはテリトリーを守って、出しゃばらず、黙って見守るようにしています。

——本書でモヨコさんも、「お互いに意見を求められたら自分の考えを伝えたり考えをまとめる時に聞き役になったりはする。（中略）それはあくまで表層部分に過ぎず、根幹分の構築は完全に1人で立ち向かうしかない」と書かれていますね。

庵野　クリエイター同士なので、そうなるんですよね。

漫画を描く力が戻ってきたと心の底からうれしかった

――モヨコさんは2008年頃から、『オチビサン』(朝日新聞出版)以外の漫画の執筆をお休みされていましたね。

庵野 体調不良で漫画が思うように描けなくなり、苦しんでいる時期が何年も続いていました。そんな中、2年以上悩んだ上で『鼻下長紳士回顧録』(祥伝社)を描き始め、2013年に第1話が「FEEL YOUNG」に載った時は感動して、僕も泣きましたね。そこに至るまで本当に大変だったので……。

最終話まで5年かけ、あれだけのつらい状態の中できちんと完結させたのは本当にすごいことだと思います。自分がシン・エヴァ(『シン・エヴァンゲリオン劇場版』)を終わらせられたのも妻のその地獄から這い上がっていく姿を見ていて、彼女の精神力の強さに力づけられていたところも大きかったと思います。

――2019年からは『ハッピー・マニア』の続編である、『後ハッピーマニア』(ともに祥伝社)の連載を始められました。

庵野 妻からその話を聞いた時は心の底からうれしかったです。漫画を描く力が少しずつ戻ってきたんだなと感じました。連載はまだまだ苦しみながら描いていますが、途切れ途切れでも描き続けてくれていることがありがたく、うれしいです。

作品については、まずタイトルを聞いた時に「やっぱりこの人はすごい」と思いました。「続」や「2」ではなく、「後」を前につける。この感覚が本当にすばらしい。略し方も「後ハピ」でわかりやすいし、英語表記だと「GO! HAPPY MANIA」になる。ネーミングからして、才能にあふれているな、と。

そして、歳をとった登場人物の描写が上手ですよね。『ハッピー・マニア』のラストから15年の歳月が流れているわけですが、その間に歳を重ねて『後ハッピーマニア』の登場人物になったことが違和感なく伝わってくる。時間の流れを感じさせると同時に、説明しすぎない構成になっているんです。本当に漫画がうまい、と感心しました。

クリエイターの苦しみを互いに理解し合える

――2002年に結婚されてから、20年が経ちました。結婚生活が始まった当初、20年続くと思われましたか?

庵野　いやぁ、そこまで長く続くとは思っていませんでした。とりあえず結婚してみよう、くらいの気持ちだったんです。

――20年続いた理由は何だったのでしょうか。

庵野　やはり、一緒にいたいという気持ちが強かったからじゃないでしょうか。どこの夫婦も同じだと思いますけど、何年も一緒に暮らしていると、喧嘩したり、お互いしんどくなったりして、「もうダメかも」という時期があるわけです。それでも、引き返せた。それは2人で、一緒にいるための努力やルールづくりをしてきたからです。

「2人で」といっても、僕のほうが精神的に幼いので、僕が迷惑をかけることが多分にあると思います。主に妻が努力して、自分を押し殺しているんです。生活面でも僕はできないことが多いし、偏食で食べられるものが限られている。エッセイではおもしろおかしく書いてくれていますが、本当にいろいろと無理させていると思います。

――モヨコさんが、庵野さん側に合わせてくれていることが多いんですね。

庵野　妻は思慮深く、洞察力があるので、周りの人の「なぜこの人がこうしたのか、なぜこう言ったのか」という意図や背景を即座に察して動くんです。その上他人思いなので、自分がどうするべきか他人の立場に立って考えています。作品も自分の満足より読者のことを考えて描いています。

でも、そうして相手に合わせて自分の意向を押し殺すことで、知らずにストレスがたまっていく。やっぱり、我慢しているわけですから。我慢のストレスが限界量を超え、心身に疲労がたまった結果、漫画が描けないくらいの状態になってしまったんだと思います。そして、このストレスの中には、結婚してから僕が与えていたストレスもかなり含まれていたと思います。全く申し訳ないです。

我慢ができてしまうと、外からはすごく強い人に見えるんですよ。

――この人は大丈夫だろう、と。

庵野　そうです。それで周りから放ったらかしにされて、ケアしてもらえない。子どもの頃からそういうタイプで、親も彼女を放ったらかしていたんです。でも、本人は我慢をやめない。せっかく我慢していたのに途中でやめてしまうと、それまでの自分の努力が無駄になってしまう気がするからだと思います。我慢を続けているとどんどん「この人は大丈夫だ」という周囲の認識が強固になっていきます。

さらに妻が漫画のキャラクターとして強い女性を描くと、描いている作者と同一視されて強い人間だと思われてしまいます。そうすると、ＳＮＳなどで叩いてもいい対象として、罵詈雑言を浴びせられてしまう。

一方で、彼女は自分をよく見せようとしないんですよね。すごく謙遜するんです。謙遜していると自己評価の低い弱者に見えて、これはこれで「こいつは叩いても言い返してこないだろう」と叩かれる。「強いから叩いてもいい」と「弱いから叩いてもいい」。両方から一方的に殴られるので、かなりしんどいと思います。

――でも庵野さんは、モヨコさんが「大丈夫ではなくて本当はつらい」ということを知っているわけですよね。それは、庵野さんがそばにいて感じられたことなのでしょうか。

庵野　僕は、察する能力がすごく低いんです。なので、ギリギリまで気がつかないことが多いので、そこも申し訳ないですね。もっと早く気がつければいいんですけど……。彼女が本当に追い詰められて、「つらい」と言葉にした時にやっと気づくんです。

――モヨコさんは、庵野さんには「つらい」と伝えられるのですね。

庵野　そうですね。そこは夫婦でよかったと思います。夫婦は他人ですが、他人の中で最も近い存在です。妻は血縁者に頼れない分、最も近い人間が僕なんだろうと思います。それは、僕にとってもそうです。こういうことを言うと、共依存だと指摘する人がいますが、お互いに自立はしていますから、それとは違う気がしますし、そうだとしてもお互いに生きていられるのなら、それでも良いのでは、と思います。クリエイターは精神的な苦痛を受けやすい職業です。僕も妻もクリエイターなので、その苦しみがいくらか互いに理解し合えるのもありがたいことかなと。

――自分で選んだ家族には言える心情もあるし、同じクリエイターだからわかってもらえる苦しさもある、と。

庵野　それがあるからなんとか20年、結婚生活が続いてきたのかなと思います。

妻のおかげでダメなところが抜けていった

――『還暦不行届』は庵野さんが60歳を迎えたことからきているタイトルです。結婚された時は、42歳と31歳だったお2人。一緒にいて、老いを感じることはありますか?

庵野 酒量が減りましたね。以前は2人で飲んでいると、一晩でワインを3、4本空けたりしていたのですが、今は1本くらいが限度です。

――たくさん飲めなくなったことに加え、健康を気遣っていらっしゃるのでしょうか?

庵野 2人で長く一緒にいるために、健康を気遣おうとはしています。僕が60歳を過ぎて、妻も50歳を過ぎたので、人生の折返し地点は通り越しているわけです。だから、残りの人生をなるべく長く健康でいよう、と考えています。

――70歳、80歳になっても、一緒にいて、何かしら創作しているというイメージはありますか。

庵野 仕事があれば、ですね。70歳、80歳まで生きていて、仕事があればうれしいですよね。

――長生きしたい、と昔から思われていましたか？

庵野　いいえ、最近思い始めたことですね。それこそ、60歳を過ぎてからです。以前はそんなに先のことを考えていませんでした。でも60歳になってみたら、70歳、80歳と、もう少し長く妻と一緒にいられたらいいなと思ったんです。

――20年の結婚生活の中で、お互いの変わったところ、変わらないところはどこでしょうか。

庵野　言葉にするのは難しいですね。変化はあったと思います。お互い変化をしないと、一緒にはいられないので。ぶつかり合った時に乗り越えるためには、自分が変わるか、相手を自分に合わせて変えるか、どちらかしかないと思うんです。そしてお互い、相手を変えてしまうのではなく、自分が変わることで対処しようとする傾向があるんですよ。自分のスタイルを相手に合わせて変えていく感じですね。

――それは生活習慣など？

庵野　それもありますし、考え方なども含めていろいろあります。

――変わっていった結果、今の庵野さんがいるわけですが、もし結婚されていなかったら今はどういった生活を送っていたと思いますか。

庵野　今とは全然違っていたでしょうね。若いうちに、糖尿病か何かで死んでいたんじゃないでしょうか。僕は今でもダメな人間ですけど、妻のおかげでだいぶダメなところが抜けていきました。一緒にいなかったら……ネガな考えのループの中で苦しみ続けていたかもしれません。今の自分がいるのは、妻のおかげだと思います。妻も、そう思ってくれているとうれしいですね。

取材・文／崎谷実穂

庵野秀明　あんの・ひであき

1960年、山口県生まれ。監督・プロデューサー。学生時代から自主制作映画を手掛け、その後TVアニメ『超時空要塞マクロス』（1982年）、劇場用アニメ『風の谷のナウシカ』（1984年）等に原画マンとして参加。1988年、OVA『トップをねらえ！』でアニメ監督デビュー。1995年にTVアニメ『新世紀エヴァンゲリオン』を手掛け、1997年の『新世紀エヴァンゲリオン劇場版』と共に社会現象を巻き起こす。2006年、株式会社カラーを設立し、代表取締役に就任。自社製作による『ヱヴァンゲリヲン新劇場版』シリーズ及び『シン・エヴァンゲリオン劇場版』（2007年〜2021年）では、原作、脚本、総監督、エグゼクティブ・プロデューサーを担当。2016年には実写映画『シン・ゴジラ』で脚本・総監督を務める。最新作は脚本・監督を務めた実写映画『シン・仮面ライダー』（2023年）。

※このマンガはフィクションであり、実在の人物・団体とは、ほとんど関係ありません。

畑の名前考えてちょ！
例によって出たおじいさんの無茶ぶりに(赤ちゃんのコスプレをした)おばあさんは大よわりです
ええ〜？
あたしが？
くる日も
マジか〜
すごいプレッシャー
くる日も
覚えやすくて言いやすくて意味があって
考えて…
じてん
おじいさんや一緒に働く人達が皆
喜びに満ちあふれてほしいという願いをこめて
学のないあたしが必死で考えたんじゃよ
χαρα
(khara)
カラー
ギリシャ語で「歓喜」の意
この名前どうかな⁉
でけた…でけたんや
ハァ…？
わるくない
それより種まいたよ見て‼
名前は決まりました

しばらくすると少しずつ人が来て手伝ってくれるようになりました
ウィース
つるまきさん
まさゆきさん
このカブ大きく育てるには畑がせますぎませんか?
うーん…そう?
広い場所に植えかえたらもっと成長するかもしれませんね
作業に没頭するおじいさんの代わりに
どこかに広い畑はないものか
みんなはせっせと新しい畑を探し
とうとうちょうどいい大きさの畑を見つけました
おお〜広い!!バーベQできるね
日当たりも水はけもいい
こりゃあいいカブができるぞ

これで
カブも植え
かえできる!!
大きく
なると
いいなあ
おーい
こんに
ちはー
――!
専門知識
なら
お任せ
あれ!
いっしょに
たがやす
よー
ん?
あのやけに
楽しそうな
人達は…
ああ
畑が広く
なったから
一緒に働く人を
増やしたんだよ
オー
名人キター
はっはっは
2007年
みんなでどんどん世話をして
カブはどんどん大きく
なりました
ヒェー

ううむ…
思った以上に
でっかく
なったぞ
みんなー
手を貸して
くれー
うんとこせ
どっこいしょー
フレー
フレー
うんとこせ
どっこいしょ
!!
すぽーん
ぬけたー!!

やった
みんなはたいそう喜び
おじいさんはすぐにまた次のカブを植えました
破
ポン
ポン
仲間がどんどん仲間を呼んでますます増えていきます
農作業計画をたてる人間をさがしているときーてきました
さあさあどうぞ中へお入んなさい
おまちしていました
2009年
フランス人キター!!
おじいさんの畑は腕ききの人が集合しました
派手
歌手
大酒のみ
こりゃまた大きなカブができたー
いくぞ——!!!

すぽーん
わぁぁ
わあぁ
おじいさん!!
やったよ
こりゃー
大物だ
やんややんや
でけぇ
おめでとう
おじいさんは
どんなにカブが
立派でも
いつも少しだけ
哀しそうでした

畑は…
すこし
お休みする
みんな
好きな物
つくってて
ある日
そう言うと
おじいさんは
ふらりと出かけて
行きました
いってくる
気をつけてね
しばらくは
他の街を見学
して廻ったり
2010
監督失格
2011
特撮博物館
他の農家の
お手伝いを
したりして
いましたが
いつのまにか
もどってくると
そっと苗を
植えました

仲間は更に増え
2012年
こりゃ大変だ
うんせー
みんなーがんばれー
いつものようにどんどんカブは大きくなりました
すっぽーん
よいしょー

それはいつになく大きなカブでしたが
フー…たいへんだったね
いやーおつかれさま
あっ
キャッ キャッ
おじいさんが下じきになってる
おじいさん!!
たいへんだー
大丈夫ですかっ
おじいさんのけがは思いのほかひどいものでした
すごいケガだ…
ざわざわ
おじいさん…
おじいさん
こうして…
おじいさんが療養していると
西の方角から「超・おじいさん」があらわれました

すみませんが…おじいさんはケガが…
わしのところでひと月だけれんが積みの職人として働け
誰ですか?
もしかして元気になって帰ってくるかも!!
いってらっさい
ヨロ
ヨロ
おじいさんはよろよろと手伝いに出かけ
えぇー?!
フラー
たいして変わらない状態で帰ってきました
この頃おじいさんは畑に行くこともできませんでしたが
仲間たちはそれぞれ
畑をひろげたり新しい苗を植えたりして
おじいさんの帰りをまっていてくれました

街の大きなデパートではおじいさんの作ったカブの展示即売会が催され
エヴァンゲリオン展
おじいさんの積んだれんがの塔は話題を呼んで連日満員になりましたが
おじいさんのけがは
なんか食べたいものある？
……ない……
なかなか治りません
会社名のとおりにはなかなかうまくいかないなぁ
それでも…
題字
みんなが畑でつくったものをもらって
栄養をつけ
Cassette Girl

……
ドキドキ
ぱく…
少しずつ元気になって
うん…うまい
ホッ
2014年
畑にもどることができたのです
(株)カラー農園
あ!! おじいさんだ
フラリ…
今年もカブを植える準備はできてます!!
やりましょうおじいさん
スタスタ
あれっ?!
おじいさんどこ行くの?
おじいさん?!
スタタタ…
何人か手伝ってちょ
こっちー
そっちはとなりの畑

東宝
ゴジラ
いきなり
でかいの
掘ったー
こんな…
でっかいの
つくっちゃって
次
どうするん
ですか
キャー
おじいさん
たら…
おじいさんは
少しだけ
「ホッ」としたように
見えました

とことこ
スッ
カブ…
植えるよ
育てるよ…!!

おおきなカブ

あとがき

最初に漫画の「監督不行届」を描いてから
早いもので15年以上経った。

思い起こすと当時は監督の行動全てが新鮮で
いちいち驚き、毎回笑い転げていたものだったが
年月が経つにつれてそんな異常な生態の全てが
日常になってしまった。

頻度は減ったけどいまだに
「え？・」となる事はけっこうあって
そのたびに漫画にしようとは思うのだけど
漫画として成立させるにはそのちょっとしたボケやハプニングにプラスして、
監督ならではのこだわりやら思い込みなどを絡める必要がある。

でも監督の謎ルール、みたいなものを
もう自分の生活に受け入れて暮らしているために
私自身の感覚とも同化していて
改めてすくいあげることが難しい。

なんつって

本文中でもいかにもしっかりもののような顔をして
監督の生活を支えているようなことばかり書いているけど
よく考えてみれば自分もたいがいなものだ。

夫婦というのは似たもの同士、持ちつ持たれつなので
私も出来ないことやわかっていないことがたくさんあって
どちらかと言うと私のほうこそ支えてもらってきたように思う。

漫画のネームが思いつかず、玄関や寝室、リビングなど
ところ構わず転がってのたうちまわっている時も
酔っ払ってブラジャーを丸めたボールで
夜中にひとりでサッカーをして遊んでいた時も

運転免許を取って初めての高速道路で
怖くて途中で運転を替わって〜！と絶叫した時も
いつも変わらずにこにこしながら助けてくれてきた。

よく、20年も一緒にいられるねと言われるけど
身近な人たちは全員一致で
そりゃー監督が優しくて我慢強いからだ、と思っているはずだ。

漫画家としても人間としても相当厄介なタイプなので
夫婦対抗偏屈合戦があったらおそらく勝者は私なんじゃないかと思っている。

今回も書籍化にあたり祥伝社の皆様には大変お世話になりました。
深く感謝いたします。ありがとうございました。

そして「監督不行届」からの読者の皆さま
ならびに今回この本を手に取ってくださった読者の皆さま
続きが読みたい、との多くのお声がこの本のきっかけとなりました。
ありがとうございます。

漫画の分量は少なめですが楽しんでいただけたら幸いです。
監督、いつもネタにさせてくれて
そしてそれを面白がってくれてありがとう。
これからもどうぞよろしくお願いします。

安野モヨコ

2021年『庵野秀明展』にて展示

初出

「還暦不行届」
note

「がんばれ！カントク君★」（2011年）
「月刊ニュータイプ」（KADOKAWA）2011年6月号 スタジオカラー特集

「庵野秀明50周年記念カード」（2010年）
庵野秀明監督50歳の節目の年の誕生日会に、
感謝の気持ちを込めてゲストに渡した「カントクくんカード」

「ミニ監督不行届」
X（旧Twitter）@anno_moyoco

「シン・監督不行届」
「EVANGELION STORE オンライン」2021年3月～2022年2月まで連載
https://www.evastore.jp/

第十回イラスト
『還暦不行届』note連載第十回ヘッダー用描き下ろし

「おおきなカブ（株）」
「株式会社カラー10周年記念冊子」

庵野秀明像（2021年）
「庵野秀明展」にて展示

JASRAC 出 2307598-301

安野モヨコ　あんの・もよこ
1971年、東京都生まれ。89年、漫画家デビュー。
2005年、『シュガシュガルーン』で講談社漫画賞を受賞。
代表作『ハッピー・マニア』『働きマン』『さくらん』『後ハッピーマニア』。
エッセイには『美人画報』『くいいじ』。ほか作品多数。

令和5年11月20日　初版第一刷発行
令和5年12月25日　第四刷発行

著　者　安野《あんの》モヨコ

発行者　辻《つじ》 浩明《ひろあき》

発行所　祥伝社《しょうでんしゃ》
〒101-8701 東京都千代田区神田神保町3-3
03(3265)2081(販売部)
03(3265)1084(編集部)
03(3265)3622(業務部)

印　刷　大日本印刷

製　本　ナショナル製本

装　丁　アルビレオ

ISBN 978-4-396-61787-5　C0095
祥伝社のホームページ　www.shodensha.co.jp